펀FUN

리더십으로
세상을 리드하라

FUN
리더십으로 세상을 리드하라

초판 1쇄 인쇄일 2024년 3월 10일
초판 1쇄 발행일 2024년 3월 25일

지은이 최철호 최원호
펴낸이 양옥매
디자인 송다희 표지혜
교　정 조준경
마케팅 송용호

펴낸곳 도서출판 책과나무
출판등록 제2012-000376
주소 서울특별시 마포구 방울내로 79 이노빌딩 302호
대표전화 02.372.1537　**팩스** 02.372.1538
이메일 booknamu2007@naver.com
홈페이지 www.booknamu.com
ISBN 979-11-6752-459-1 (03320)

펀FUN

리더십으로
세상을 리드하라

최철호 * 최원호 지음

책과나무

3h1s 리더십은
다른 사람들의 삶도 변화시킨다

아이젠하워에게 도대체 리더십이 무엇이냐고 물으니, 끈을 하나 가져오라고 했다. 가져온 끈을 뒤에서 밀어 보라고 하고, 앞에서 당겨 보라고도 했다. 지인이 끈을 뒤에서 미니 꾸불꾸불, 앞에서 당기니 쭈욱 펴졌다. 이를 본 아이젠하워가 말했다. 진정한 리더십은 뒤에서 미는 것이 아니라 앞에서 당기는 것이라고.

두 분의 저자를 보면서 왜 주변에 많은 분들이 함께하면서 엄지 척을 하는지 궁금한 적이 있었다. 그런데 알고 보니 거기에는 몇 가지 두 분만의 리더십이 있었다. ① 내가 손해가 나더라도 생각한 일이 다른 사람들에게 이익이 된다면 기꺼이 그 일을 진행한다는 것, ② 어렵고 힘든 사람을 보면 여러 가지 방법을 다해 도우려고 최선을 다한다는 것, ③ 아무리 힘들어도 항상 웃는 얼굴로 절대로 부정적인 말을 하지 않는다는 것이다.

내가 두 분을 존경하는 이유도 바로 이것이다. 대부분의 사람들은 결과가 안 좋거나 상황이 힘들어지면 여러 가지 이유를 들어 핑계를 대는데, 두 분은 단 한 번도 찡그리거나 우울해하지 않고 잘되고 있다고 말한다. 그러고는 항상 웃는 얼굴로 스스로 해결해 나간다.

두 분의 리더십은 이십 년 가깝게 운영하고 있는 Fun 리더십 교육원 최고경영자과정에서도 알 수 있다. 개인의 이익보다는 항상 함께하는 사람들부터 챙긴다. 조직을 이끌어 가는 리더십은 개인의 성공뿐만 아니라 함께 일하는 사람들의 성공까지도 결정한다고 생각한다. 리더십은 선천적으로 타고난 것이 아니라 후천적으로 습득된다고 하는데, 두 분의 리더십은 타고난 것이 아닌가 싶기도 하다.

이 책은 리더가 갖추어야 할 덕목을 안내해 준다. 리더자가 되고자 한다면 이 책을 꼭 읽어 보라고 말하고 싶다. 리더십은 발견하는 것이 아니라 계발하는 것이다. 리더가 되려면 최상의 리더십을 갖추어야 한다. 그리고 리더는 현재에 만족하지 않고 꾸준히 리더십의 특성을 계발해야 한다. 리더의 리더십은 사람들에게 희망과 동기 부여를 심어 주기도 하고 개인의 삶을 변화시키기도 한다.

두 분을 통해 성격이 바뀐 분들도 많고, 삶이 긍정적으로 변화된 분들도 많다. 이 책을 통해 많은 분들이 변화될 것을 기대해 본다.

(사)한국교육협회 원장 **박인옥**

3h1s 리더십은 행복이며 성공이다

"Fun 리더십 교육원을 개원한 것은 운명이며,

Fun 리더님을 행복하게 만드는 것은 숙명이며,

웃음 넘치는 행복한 세상 만드는 것은 우리의 의무이다"

인간은 웃음을 갖고 태어났지만, 고된 삶과 치열한 경쟁에 시달리며 웃음을 잃은 채 살아가고 있다. 웃음 넘치는 행복한 세상을 만드는 Fun 리더십 교육원은 '웃음은 행복을 여는 Key'를 모토로 웃음을 되찾기 위해 2008년 개원했다.

"내가 웃어야 내가 행복하고, 내가 행복해야 가정이 행복하고, 가정이 행복해야 사회가 행복하고, 사회가 행복해야 대한민국이 행복하다."는 것을 전제로 시작한 운동은 큰 반향을 일으켜 현재 수료생 2,000여 명을 배출했고, 교육원 봉사단체 사회공헌 위원회, 총동문회 및 골프 동아리, 산악 동아리, 자전거 동아리, 기수 모임이 활발하게 활동하고 있다.

Fun 리더십 교육원과 총동문회에서 장학금 지급, 김장 봉사,

떡국떡 나눔 행사, 제빵 봉사, 수재민 지원금 전달, 쓰레기 줍기 및 환경 캠페인 활동, 저소득층 지원금 모금 바자회, 먼저 웃자 캠페인, 웃음 재능 기부 등 행복한 세상 만드는 데 함께 따뜻한 동행을 하고 있다.

저자들은 Fun 리더십 교육원 이사장, 원장으로서 대한민국 모든 국민이 웃는 그날까지 왕성하게 활동할 것을 희망찬 새해 청룡의 해를 맞이하며 다시금 다짐한다.

2023년 12월 31일 가족들과 영화 〈노량: 죽음의 바다〉를 봤다. 이순신 장군의 훌륭한 판단과 치밀한 작전으로 승리하는 모습을 보며 '리더'의 역할이 얼마나 중요한지 다시금 느끼게 되었다.

행복한 가정, 발전하는 회사, 건강한 사회가 되려면 우선 리더가 변해야 한다는 것을 명심해야 한다. '3h1s Fun'은 3h(Human, Humor, Happy), 1s(Success)를 말하는 것으로 '사람이 유머로 웃고 행복해지면 성공한다.'는 Fun 경영의 핵심이다.

배우자부터 시작해서 CEO까지 모든 영역에서 3h1s 리더십 감각이 풍부한 사람을 가장 이상적인 모델로 뽑는다. 이제 3h1s 리더십은 필수 요소가 됐다.

최근 기업에서도 역량 있는 CEO의 요건 중 하나로 3h1s 리더십이 부각되고 있다. 3h1s 리더로 직원들의 긴장과 스트레스를 덜어 내 주고, 활기를 불어넣어 매출 신장을 꾀하는 3h1s 리더십 경영(Fun 경영)이 세계 기업들의 호응을 얻으면서 성장하고 있다.

논리와 이성을 중시하는 기존의 경영 풍조 때문에 많은 기업이 상대적으로 3h1s 감성적 요소를 소홀히 해 왔다. 심지어 감성은 비논리적 사고와 비이성적 판단을 초래한다며 피해야 하는 요소로 인식하는 사람도 적지 않았다.

그러나 요즘은 3h1s 리더십을 발휘하는 것이 바람직하다고 이구동성으로 말한다. 강압적으로 명령하기보다는 직원들이 가진 감정에 코드를 맞추고 공감대를 형성하는 것이 조직을 이끄는 데 더 효과적이라는 것이다.

구성원들의 마음을 헤아려 주고 작은 일에도 칭찬을 아끼지 않으며, 격려하는 것이 3h1s 리더십의 출발점이다. 구성원들을 믿고 능력이 발휘될 수 있는 3h1s 환경을 만들어 주는 것이 리더의 역할이다.

본 저자들은 직장 생활에서 현재 CEO로 활동하면서 3h1s 리더십이 현대인들에게 꼭 필요하다고 강조한다. 저자들의 이론과 경험을 통해 얻은 3h1s 리더십을 더 많은 리더가 적극적으로 활용하여 행복과 성공의 두 마리 토끼를 모두 잡길 기원한다.

본 책이 나올 때까지 많은 도움을 주신 ㈜한국교육협회 박인옥 원장님, 가족, Fun 리더님들께 고마움을 전하고 싶다. 웃음 넘치는 행복한 세상을 함께 만들어 나가길 기대한다.

배려하고 소통하며 미래를 꿈꾸는 저자 **최철호**
웃음 넘치는 행복한 세상 만드는 저자 **최원호**

Contents

Chapter 1

배려와 따뜻함의 리더십

Chapter 2

유머는 리더를 변화시키는 열쇠다

Chapter 3

리더의 유머 감각이 조직을 변화시킨다

Chapter 4

유머 마케팅을 활용하라

Fun 리더십으로 성공한 사람들

LET'S GO SUCCESS

Chapter 1

배려와 따뜻함의
리더십

리더십에서 가장 중요한 가치

배려와 따뜻함은 리더십에서 매우 중요한 가치라고 할 수 있으며, 이것을 바탕으로 리더가 배려와 따뜻함을 발휘하는 방법은 다음과 같다.

이해와 공감 ★👆

리더는 팀원들의 감정과 상황을 이해하고 공감할 줄 알아야 하며, 팀원들의 의견이나 어려움을 경청하고 항상 그들의 감정을 존중하며 이해하려고 노력하는 것이 필요하다.

개인적 관심 ★👆

리더는 팀원들과 개인적인 관계를 형성하고 관심을 기울여야

하며, 그들의 성장과 발전을 지원하고 필요한 도움이나 조언을
제공할 수 있어야 한다.

피드백과 격려 ★☝

리더는 적절한 피드백을 통해 팀원들의 성과를 인정하고 개선
할 수 있는 방향을 제시해야 하며, 그와 동시에 격려와 칭찬을
통해 팀원들의 자신감을 높이고 동기 부여를 제공해야 한다.

개방적인 의사소통 ★☝

리더는 개방적인 의사소통 환경을 조성해서 팀원들이 언제나
자유롭게 의견을 나눌 수 있고 서로 간의 의견 충돌이 생겼을 시
건설적으로 해결할 수 있도록 기회를 제공해야 한다.

동등한 대우와 배분 ★☝

리더는 팀원들에게 공정하고 동등한 대우를 제공해야 하며, 임
무나 책임을 공평하게 배분하고 팀원들의 역량과 성과를 인정하

여 공정한 보상체계를 구축해야 한다.

안전과 웰빙 ★🖐

리더는 팀원들의 안전과 웰빙을 최우선으로 생각해야 한다. 작업 환경의 안전을 유지하고 팀원들의 건강과 몰입도를 증진시키는 방안을 고려해야 한다.

이러한 배려와 따뜻함을 갖춘 리더십은 팀원들에게 신뢰와 존경을 얻을 수 있고 팀의 협력과 성과를 향상시킬 수 있다.

조직의 소통과 화합을 이끌어 내는 리더

얼굴만 봐도 스트레스가 쌓이는 동료와 한 사무실에서 하루 종일 얼굴을 맞대고 지내면서도 상사가 보는 자리에서는 매사에 협조적인 관계인 척해야 하는 경우를 경험한 적이 있는가? 혹은 뒤통수에 한 방 올리고 싶은 마음이 굴뚝같으면서도 비굴하지만 존경하는 듯 대해야 하는 경우도 종종 있을 것이다.

힘들어서 당장 매일 출근할 때 오늘만 일하고 당장 때려치우겠다는 말을 하면서도 인내하고 견뎌야 한다. 회사를 박차고 나가기엔 딱히 갈 곳조차 없는 것이 우리네 직장인의 모습이다.

저자 최철호는 대학 졸업 후 모터 생산 기업에서 12년간 근무했다. 12년이라는 근무 기간 동안 누구보다 한결같은 성실함과 노력으로 일에 매진했다. 어느 아침에는 일어나기 힘들어 출근하기 싫은 날도 당연히 있었고, 또 어느 때는 남들처럼 요령을 피우고 싶은 날도 있었다. 갖고 싶은 마음, 놀고 싶은 마음을 누르며, 항상 월급의 70%를 저축하였다. 이러한 남다른 노력으로 생산직으로 입사하였지만 남들보다 빠르게 승진하여 구매/자재 업무인 관리직으로 전환하였다.

당시 근무한 회사는 모터 생산 기업이었는데, 근무하다 보니 모터의 생산 및 관리가 쉽지 않다는 걸 깨닫게 되었고, 모터 생산보다는 모터코어 생산이 오히려 전망이 있겠다는 생각에 1996년에 동양전자공업을 설립하게 되었다.

프레스를 이용하여 제작하는 모터코어의 경우 생산 준비에 소요되는 시간이 생산 시간에 비해 많고, 가능하면 loss 시간을 줄이고자 한번 세팅하면 최대한 많은 양을 생산하고 싶은 마음이었지만, 소량 생산이라도 고객을 놓치지 않도록 노력했다.

당시 저자는 이윤을 좇기보다는 소량 생산이라도 고객사를 진심으로 대하자는 마음이었다. 그런 마음을 갖고 운영하자 범용 코어를 요청하는 소규모 업체가 많아졌고, 그런 소규모 업체가 모여 대량 생산이 가능해졌다. 만약 물질적인 욕심을 버리지 못하고 대량 생산만 고집했다면, 지금의 동양전자공업㈜은 존재하지 않을 수도 있다.

"욕심이 많으면 모든 것을 잃게 된다."

레프 톨스토이의 말처럼 욕망이 줄어들수록 행복이 커진다는 것은 천고 불변의 진리이다.

이렇듯 삶의 현장으로부터 스스로를 지켜 내야만 하는 마음속의 방어 장치가 절실하게 필요하다. 감당하기 힘든 어려움이나 결코 실행에 옮겨서는 안 되는 충동으로부터 자신을 지켜 주는 마음의 장치를 심리학에서는 '방어기제'라고 한다. 이런 '방어기제'는 외부나 내부로부터의 불쾌한 자극을 자동적으로 처리하도록 반응한다.

'유머'는 심리학에서 매우 중요한 방어기제의 하나로 간주되는데, 아마도 인간이 가진 가장 멋지고 강력한 방어 장치가 아닐까 싶다. 유머는 자신의 생각이나 감정을 시원하게 드러내면서도 다른 이들의 반발을 사지 않는 효과를 지니기 때문이다. 또한 유머는 어렵거나 참기 힘든 일도 가벼운 기분으로 받아들이게 하고, 그 일에 집중하여 끝내거나 극복하게 도와주는 효과까지 있다. 그래서 유머는 방어기제들 가운데 성숙하고 세련된 방법으로 꼽힌다.

단, 유머에는 웃음 내지는 희극적 요소가 들어 있어야 한다. 하지만 개그맨적인 기질이 있다고 해서 누구나 유머를 잘 구사하는 것은 아니다.

유머는 힘들고 어려울 때 나를 지켜 주는 방어기제다 *👆

유머는 우리가 지향해야 하는 마음의 태도나 습관에 의해 나타나는 것으로, 경직되고 분리하고 차별하는 세상에서 형식을 파괴하고 고정관념이나 격식의 딱딱함을 깨는 힘의 근원이다. 고정된 틀을 깨는 유머는 유연성을 지니는데, 특히 리더의 유머는 조직의 생산성을 높이고 조직원들의 에너지를 끌어올린다.

유머는 대인관계에서도 유감없이 발휘되는데, 특히나 많은 사람들 앞에 홀로 서서 발표를 하거나 강의를 할 때도 유머로 일단 시작하면 긴장된 마음이 다소 줄어들고, 다시는 보고 싶지 않은 사람을 우연히 만났을 때도 굳이 외면하지 않고도 먼저 유머 한마디를 던지면 분위기를 부드럽게 만들고 갈등을 잠재울 수 있는 계기가 되기도 한다.

또한 유머는 주변으로 확산되는 힘이 강하다. 모임이나 회의 석상에서 분위기가 가라앉아 있을 때, 유머 한마디를 던져 봐라. 도무지 마음도 입도 열지 않던 사람이 어느새 웃음을 지으며 대화 속에 자연스럽게 섞여드는 경우를 볼 수 있을 것이다. 어떤 사람은 굳어진 마음이 풀려 도리어 자신이 알고 있는 유머를 얘기해 주면서 분위기를 이끌지 않던가.

그뿐만 아니라 유머는 비아냥거림이나 욕설을 입에 담지 않고도 상대방을 공격할 수 있는 최상의 수단이다. 정면으로 반박하거나 지적하면 옳고 그름을 떠나 다툼이 생길 수도 있지만, 유머를 섞어 재치 있게 비판하면 누구도 그 자리에서 화를 내거나 기분 나쁜 티를 낼 수 없기 때문이다.

유머는 탈권위적이다 *👆

이는 신문이나 잡지에 실린, 엉뚱하고 밉살스럽게 그려진 정치 지도자들의 캐리커처에서도 쉽게 찾아볼 수 있다. 이를 통해 우리는 억눌린 감정을 해소하고 보복의 두려움도 잠시 잊는다. 그냥 재미있는 그림으로 그렸으니 말이다. 특히 요즘은 야하거나 저속한 유머보다는 품위 유머를 많이 활용하는 편이다.

정치인의 반은

기자가 "정치인의 반은 바보다"라는 기사를 내자, 정치인들이 기사를 100% 바꾸라고 난리가 났다. 그러자 기자가 기사를 완전히 바꿨다.

"정치인의 반은 바보가 아니다."

우리 시대의 정치인들은 유머와는 거리가 멀고, 편 나누기 · 싸우기 · 분열에 능할 뿐 아니라 배타적이고 이기적인 사람들이 적지 않다. 우리가 자주 목격하듯이, 대화를 풀 수 있는 일도 화를 내면서 싸움을 하려 들거나, 심한 경우에는 폭력을 동원하기도 한다. 정치인들이 화 대신 유머를 섞어 가면서 대화를 시도한다면 조금은 어수선하고 살벌한 광경을 보여 주지는 않을 수도 있을 것이다.

유머 마인드를 지닌 지도자가 많다는 것은 타인을 배려하고 서로가 힘이 되어 주는 세상이라는 것을 의미하는 게 아닐까 싶다. 유머는 말하는 사람의 인격과 능력을 비춰 주는 거울이니까…….

'유머'와 '위트'는 '특별한 양념' 같은 구실을 할 뿐만 아니라, 특히 위기나 어려움을 극복해 나가는 데 효과가 매우 크다. 그래서인지 사회적으로 영향력 있는 인물 중에는 유머와 위트를 겸비한 사람들이 적지 않다.

가장 널리 알려진 인물로 교황 요한 바오로 2세를 꼽을 수 있다. 적절히 구사하는 유머가 그의 인기 비결이었다고 해도 과언이 아닐 정도다. 교황은 어려운 고비 때마다 촌철살인의 유머로 분위기를 녹였다.

다른 사람을 웃게 만드는 농담은 교황의 위엄과는 거리가 멀게 느껴지기도 하는데 교황은 기관절제 수술의 후유증으로 말을 할 수 없게 되었을 때도, 마취 상태에서 깨어나자마자 "의사들이 내게 대체 무슨 짓을 한 거지?"라는 농담을 웃으며 했다고 한다.

폴란드 출신인 요한 바오로 2세는 자신의 즉위식 후 성 베드로 광장에 모인 신도들에게 자신의 이탈리어 발음이 틀리면 지적해 달라고 솔직히 호소했고, 강론이 끝난 후 신도들이 흩어지지 않고 계속 환호를 보내자 "이제 점심 먹을 시간입니다. 교황에게도 밥을 먹여야지요."라고 말해 폭소를 자아내게 했다.

또한 로마 교외의 여름 별장에서 캐나다에서 온 젊은 순례자들을 접견하면서 찰리 채플린처럼 자신의 지팡이를 돌리는 묘기를 보여 줌으로써 웃음을 선사하는가 하면, 교황 즉위 초기에는 교황도 사임할 수 있느냐는 기자들의 질문을 받고서 "사직서를 어디에 내야 할지 계속 모른 채로 지내겠다."고 말하기도 했다.

이처럼 분위기를 자연스럽게 바꾸는 위트로써 사람들에게 부드러운 이미지로 다가가자, 다음과 같은 유머까지 만들어졌다.

회담이 실패한 이유

미국 대통령 클린턴과 로마 교황이 장시간에 걸친 정상회담 끝에 성명 발표를 했다.

클린턴이 먼저 말했다.

"교황과 저는 80%의 합의를 보았고, 회담은 성공적이었습니다."

하지만 교황은 낙심한 얼굴로 단상에 올라서서 말했다.

"미 대통령과의 회담은 실패했습니다. 유감스럽습니다."

한 기자가 물었다.

"교황님, 클린턴 대통령은 80% 성공이라고 말했는데요?"

그러자 교황이 대답했다.

"저는 미 대통령에게 '십계명'을 지키라는 내용의 회담을 했습니다."

교황 요한 바오로 2세는 예복을 차려 입은 근엄한 모습 속에서도 따스함과 유머를 잃지 않음으로써 이전의 많은 교황과는 달리 신자들에게 더욱 가까이 다가감은 물론이고, 세계인을 하나로 화합시키는 데 지대한 공헌을 했다.

가톨릭 신자를 비롯한 전 세계인들은 바오로 2세의 그런 유머를 지금도 기억하며 그리워한다.

기적을 일으킨 맥클렐런 장군

1862년 9월, 남북전쟁의 양상은 결정적으로 남군 쪽으로 기울고 있었다. 이에 북군의 사기는 바닥까지 떨어져 전쟁 발발 이래로 가장 심각한 상황에 처하게 되었다.

버지니아주에서는 무수한 연합군 병력이 후퇴하고 있었으며 북군의 지휘관들은 최악의 상황까지도 각오해야 할 처지였다. 패색이 짙은 지금의 이 상황을 반전시켜 저들을 다시금 사기 넘치는 군대로 되돌린다는 것은 누가 보든지 불가능한 일이었다.

이러한 전황을 기적을 일으켜 뒤집을 수 있는 사람이 있다면, 그것은 조지 맥클렐런 장군 단 한 사람뿐이었다. 그는 전투 병력을 훈련시켜 왔는데, 훈련병들은 누구나 그를 존경하고 따랐다. 하지만 지휘 사령부를 포함한 군부의 그 누구도 그들의 끈끈한 관계에 대해 아는 사람이 없었다. 오직 대통령 아브라함 링컨만이 맥클렐런 장군의 통솔력을 잘 알고 있었다.

다행히도 링컨 대통령은 주위의 강력한 반대 의견들을 일축하고 맥클렐런을 최고 지휘자 자리에 복귀시켰다. 대통령은 장군에게 속히 버지니아로 달려가서 장군 말고는 이 세상의 그 누구도 줄 수 없는 용기와 힘과 희망을 병사들에게 불어넣어 달라고 촉구했다.

그는 대통령의 명대로 아끼는 흑마에 올라 먼지가 자욱한 버지니아 길을 달려갔다. 그다음의 상황은 설명하기가 매우 어렵다. 북군의 지휘관들뿐 아니라 연합군 당사자들조차도 설명할 수 없었으며, 맥클렐런 본인 또한 정확하게 무슨 일이 일어났는지 잘 모른다.

장군은 도중에 퇴각해 오는 연합군을 만났고, 모자를 벗어 들고 머리 위에서 흔들며 용기를 북돋워 주는 말을 큰 소리로 외쳤을 뿐이었다. 사기가 떨어지고 지쳐 있던 병사들은 존경하는 지도자의 모습을 보는 것만으로도 힘을 얻기 시작했던 것이다.

한번 의욕이 되살아나자 전반적인 분위기가 바뀌더니 삽시간에 굳센 다짐으로 병사들의 사기가 용기백배하게 된 것이었다.

저명한 남북전쟁 역사학자인 브루스 캐튼은 이 장면을 "맥클렐런 장군이 전쟁터로 돌아왔다는 소문이 버지니아의 그 길을 따라 1마일 2마일 퍼져 나가며 다 쓰러져 가던 병사들을 일으켜 세우게 되었다."라고 설명한다.

말 위에 올라 탄 체구가 작은 장군의 모습이 푸른 별빛을 배경으로 그들 앞에 나타났을 때, 병사들은 모자나 배낭 따위를 하늘 높이 집어 던지며 목이 쉬어 더 이상 나오지 않을 때까지 큰 소리로 환호했다.

이에 대해 브루스 캐튼은 이렇게 말한다.

"그게 바로 전쟁의 상황이 반전되는 시점이 됐지요. 정확하게 어찌 된 일인지 설명할 수 있는 사람은 아무도 없습니다. 단지 그로 인해서 링컨 대통령과 북군이 원하는 바를 얻게 된 것만은 틀림없지요. 물론 역사도 영원히 바뀌게 되었고요."

맥클렐런 장군의 이 이야기는 한 사람의 신뢰를 주는 리더가 수많은 사람들의 영혼에 얼마나 큰 영향을 미칠 수 있는지를 여실히 보여 준다. 그뿐만 아니라, 그런 사람을 인정하고 알아볼 줄 아는 링컨의 리더십까지 돋보이게 하는 사례라고 할 수 있다. 두 사람의 리더가 관용과 포용심을 갖고 있지 않았다면, 남북전쟁의 결과가 어떻게 되었을까?

세상에는 수많은 리더가 있지만, 사람들을 화합으로 이끄는 리더는 그리 많지 않다. 구성원들을 화합으로 이끌기 위해서는 무엇보다도 먼저 구성원들의 마음을 이해하고 어루만져 줄 줄 알아야 한다. 부드러움과 포용이 카리스마보다 훨씬 큰 힘을 발휘하는 것이다. 부드러움 속에 카리스마가 감추어져 있다면, 금상첨

화겠지만…….

'리더와 졸개의 차이'가 무엇인지를 구별해 본 글이 있어서 소
개해 본다.

리더와 졸개의 차이

리더는 실수를 했을 때 "내 책임입니다."라고 시인하지만, 졸
개는 실수를 하고도 "내 잘못이 아닙니다."라고 발뺌한다.

리더는 자기의 일을 마친 뒤에 전체를 살피지만, 졸개는 자신
에게 맡겨진 일조차 제대로 끝내지 못하고 핑계를 댄다.

리더는 난관을 만나면 맞서 싸워 그 난관을 헤쳐 나가지만, 졸
개는 절대로 맞서지 않고 난관을 피해 우회해 간다.

리더는 책임과 의무를 다하지만, 졸개는 약속을 하고도 지키지
않는다.

리더는 "나는 더 좋아지려면 아직도 멀었다."라고 말하지만,
졸개는 "나는 다른 사람들처럼 그렇게까지 나쁘지는 않다."라고
말한다.

리더는 남의 말을 귀 기울여 경청하지만, 졸개들은 자기 말만
하려고 기를 쓴다.

리더는 자기보다 나은 사람을 만나면 그로부터 무엇인가를 배
우려고 노력하지만, 졸개는 자기보다 나은 사람을 만나면 그들에

게서 무슨 허물이나 허점을 찾아내려고 애를 쓴다.

리더는 자기 담당 분량 이상의 일까지도 책임지려고 하지만, 졸개는 '내 일은 단지 여기까지만.'이라고 말한다.

리더는 항상 더 좋은 방법이 있을 거라고 말하지만, 졸개는 옛날부터 이 방법으로 해 왔다고 고집한다.

세상 살기가 어려울수록, 갈등으로 힘들어하는 사람들을 포용으로 감싸 주고 신뢰를 주는 리더십으로 이끌어 주는 리더가 그리워지는 것은 어쩔 수 없는 일이다. 거기에 더해 유머 감각까지 갖고 있는 리더라면…….

상대의 마음을 읽을 줄 아는 리더

지금까지는 논리와 이성을 중시하는 경영 풍조가 강했기 때문에, 많은 기업들이 상대적으로 감성적 요소들을 소홀히 해 왔던 것이 사실이다. 심지어 감성은 비논리적 사고와 비이성적 판단을 초래한다고 생각하여 자제되고 피해야 하는 요소로 인식하는 사람들도 적지 않았다.

그러나 요즘은 감성 리더십을 발휘하는 것이 바람직하다고 이구동성으로 말한다. 강압적으로 명령하기보다는 직원들이 갖고 있는 감정에 코드를 맞추어 공감대를 형성하는 것이 조직을 이끌어 가는 데 더 효과적이라는 것이다.

구성원들의 마음을 헤아려 주고 작은 일에도 칭찬을 해 주며 격려해 주는 것이 감성 리더십의 출발점이며, 구성원들의 능력을 믿고 그들의 능력이 발휘될 수 있도록 여건을 만들어 주는 것이 리더의 역할이다. 그리고 그러한 여건을 만드는 데 가장 손쉽고 효과적인 것이 '웃음'과 '유머'임은 두말할 나위가 없다.

현대그룹의 고(故) 정주영 회장은 회식을 하면서 젊은 직원들과 같이 노래를 부르고 춤도 추면서 분위기를 맞추는 등으로 친근한 모습을 자주 보였으며, 명절이 되면 시차에도 불구하고 해외 건설현장에 나가 있는 직원들에게 전화를 걸어 격려했다고 한다.

LG의 고(故) 구인회 회장은 새벽에 공장을 방문해서 철야작업을 한 직원들에게 "잠 좀 잤나? 욕본다."는 말을 잊지 않았다고 한다. 직원들을 진심으로 걱정하고 위하는 마음이 이 한마디 말로 전해졌을 것은 당연하다.

이렇듯 사람 사이의 감성을 중시하는 리더는 구성원들의 마음을 헤아려서 어루만져 주기 때문에 구성원들은 리더를 더욱 신뢰하고 따르게 된다.

요즘 회사 안의 구내식당을 이용하는 기업의 CEO들이 많다고 한다. 구성원들과의 거리감을 좁히고 관계를 강화함으로써 노사의 대립을 막고 직원들의 고충을 들어 주기 위함인데, 이는 관계를 중시하는 감성 리더십의 한 예라고 할 수 있다.

그러나 유머 경영을 여가성·유흥성 이벤트 정도로 생각한다면 올바른 유머 문화를 정착시킬 수 없다. 구성원의 만족과 조직의 성과 향상을 위해 웃음의 가치를 지속적으로 균형 있게 활용할 때 그 효과가 나타나는 것이다.

미국 사우스웨스트 항공의 허브 켈러허(Herbert Kelleher) 회장이 '일터가 즐거우면 생산성은 절로 오른다.'는 소신을 갖고 특유의 '유머 경영 기법'으로 미 항공업계 전체가 혹독한 불황을 겪었던 시기에 흑자를 냈다는 것은 이미 전설에 가까운 이야기가 되었으며, 그 밖에도 여러 항공사들이 창의성과 독특한 아이디어를 모아 생산성을 향상시키고자 노력하고 있다.

유머 경영과 특이한 이벤트와 경영 전략으로 화제를 모으고 있는 항공사들의 Fun 경영 사례를 살펴보도록 한다(『나일론』 7월호 '재미있는 항공사' 참조).

아일랜드의 라이언에어(ryanair) ★🖐

만약 유럽 근처에도 가본 적 없는 남자 친구가 라이언에어에 대해 알고 있다면 그는 이 항공사의 승무원들이 모델로 등장한 비키니 화보를 봤을 가능성이 높다.

유럽에서 가장 먼저 저가 항공 시장의 문을 연 라이언에어는 매년 선보이는 스튜어디스의 비키니 화보로 유명하다. 그보다 유명한 것은 초저가 항공 요금, 그리고 그보다 유명한 것이 CEO 마이클 오리어리의 대책 없는 경비 절감 방안이다.

막말의 달인인 그는 기내 화장실을 유료화하겠다며 "내 비행기의 승객이 화장실 사용료로 5파운드를 낸다면, 나는 손수 그의 밑까지 닦아 줄 수 있다."고 지껄였다. 화장실 사용 빈도수를 낮춰서 기내 화장실 2개를 줄이면 6개의 좌석을 더 배치할 수 있기 때문이라는데, 그럼 비행기 멀미로 구토하는 승객은 어떻게 할 거냐는 질문에 "우리는 기내식을 제공하지 않기 때문에 승객이 토할 것도 없다."고 말하며 배짱을 부렸다.

라이언에어는 지난해 공항의 탑승 수속 창구를 없애 버리며 온라인으로만 체크인이 가능하게 했고, 지금은 세계 최초로 입석 항공권을 팔 수 있도록 추진하고 있다. 툭하면 연착되고, 지정 좌석은 당연히 없으며, 10㎏ 이상의 짐에는 추가 요금을 지불해야 하고, 외곽 공항에 도착해 시내까지 가다 지칠 수 있다. 하지만 버스보다 저렴한 비용 때문에 다들 툴툴거리면서도 타게 된다.

영국의 버진 애틀랜틱(virgin atlantic) ★🖐

1984년 6월에 첫 운항을 시작한 버진 애틀랜틱의 기내에는 마돈나의 〈Like A Virgin〉이 흘러나온다. 이 항공사는 항공 · 철도 · 모바일 등 2백여 개의 자사 브랜드를 가지고 있으며, CEO는 세계 최초로 민간 우주 여객선 '스페이스 Ⅱ'를 공개한 '영국의 스티브 잡스'라고 하는 리처드 브랜슨이다.

그는 항공사를 세우자마자 옆자리 미녀에게 술을 권할 수 있도록 주류 서비스를 시작했고, 기내에 칵테일 바까지 만들었다. 또한 승객의 항의 편지를 읽어 본 후에는 오히려 승객에게 직접 전화를 걸어 항공기에 사용될 메뉴와 와인을 골라 달라고 부탁했다고 한다.

스파, 마사지, 헤어살롱, 영화관, 라운지 클럽 등을 무료로 제
공하는 영국 히드로 공항의 '라운지 클럽'은 퍼스트 클래스 승객
에 한정된 일이긴 하지만, 곧이어 이코노미 좌석에서도 영화·
드라마·오락·음악 등을 볼 수 있도록 TV 스크린을 전 좌석에
설치했다. 또한 수면 양말, 볼펜, 안대, 칫솔로 구성된 트래블
키트는 너무나 예쁜 빨간색이다.

다른 항공사의 이코노미 요금으로 비즈니스 서비스를 제공하
는 '프리미엄 이코노미' 클래스는 버진 앤틀랜틱의 자랑이다. 미
국 내에서는 유럽인이 많이 이용하는 항공이라 세관을 더 빨리
통과할 수 있다는 게 장점으로 부각되고 있다.

버진 애틀랜틱은 대략적인 비행경로와 비행 스케줄을 알려 줄
뿐만 아니라 게임(버진 애틀랜틱 회장을 찾는 게임을 포함한 2가
지)까지 포함된 애플리케이션을 무료로 제공하고, 에든버러 수
면센터의 크리스 이지코프스키 박사와 함께 시차 적응 훈련용 애
플리케이션 '시차 파이터(Jet Lag Fighter)'도 개발했다.

남아프리카공화국의 쿨룰라(kulula) ★👆

2010년 남아프리카공화국(이하 남아공) 월드컵을 응원하러 가
는 사람들은 쿨룰라, 망고, 원타임 등 대표적인 저가 항공사 중

어느 것을 이용할지를 고민해야만 했다. 한반도의 6배 크기인 남아공에서 그리스전이 열린 포트엘리자베스에서부터 아르헨티나와의 경기가 열리는 요하네스버그까지, 그리고 나이지리아전이 있는 더반으로 옮겨 다니려면 알뜰한 비행이 필요했기 때문이다.

항공기가 망고색인 쿨룰라에 끌리는 건, 비단 남아공에서 최초로 설립한 저가 항공사이기 때문만은 아니다. 항공사의 상징 색인 녹색을 항공기마다 다른 디자인으로 선보이는 아이디어 때문이다. 그중 가장 유명했던 '플라잉 101'은 엔진이나 날개, 랜딩기어 등 비행기의 구조를 쉽게 알 수 있게 비행기 전면에 도안을 넣은 것이 매우 인상적이다.

플라잉 101을 본 사람들은 말로만 듣던 블랙박스가 뒤편 좌석의 하단부에 있다는 사실을 알게 된다. 줄루족 언어로 '쉽게'라는 의미인 항공사의 이름을 잘 표현한 디자인과 좌석에 앉은 모든 사람을 '쿨룰라 팬'으로 적어 놓은 재치를 외면하기란 쉽지 않다.

뉴질랜드의 에어 뉴질랜드(air new zealand) ★🖑

재미있는 프로모션과 서비스를 진행하는 항공사 에어 뉴질랜드는 지난해 90여 명의 자사 직원을 선발해 유니폼 대신 바디 페인팅을 한 상태로 광고 캠페인을 찍었는데, 그중 주요 부위를 교묘하게 가린 채 짐을 나르는 직원 중 한 명이 바로 이 회사의 CEO 롭 파이프였다.

직원들을 바라보는 승객들의 얼굴에 묘한 미소를 띠게 한 이 캠페인의 제목은 'Nothing to Hide'였다. 말 그대로 자신의 회사는 고객이 모르는 불투명한 수수료가 없다는 것이다. 국제선 티켓을 끊다 보면 원래 요금에 세금, 수수료, 공항 이용료 등이 붙어서 처음 정한 요금보다 추가 금액을 더 결제하는 경우가 있는데, 에어 뉴질랜드가 그 내용을 투명하게 공개한다는 것이다. 요금을 낮춘다는 의미가 아니라 적어도 승객의 뒤통수를 치지 않겠다는 의미이다.

에어 뉴질랜드는 이 캠페인 이전부터 새로운 체크인 시스템과 관련된 홍보용 문신을 새겨 넣기 위해 대머리 여행자를 다수 모집한 적이 있다. 최근에는 항공 업계로서는 최초로 장거리 국제선 구간에 여행 도우미 서비스까지 갖추어 온전히 승객을 위한 호텔 예약부터 여행 관련 업무까지 아주 친절하게 도와주고 있다.

감성 리더가 되기 위해서는 몇 가지 갖춰야 할 조건이 있다. 그 조건을 살펴보면서 자신이 감성 리더로서의 자질을 갖추고 있는지를 알아보자.

리더는 성실함을 갖춰야 한다 ★🖑

조직을 이끌어 가는 리더는 본인의 업무는 물론이거니와 업무 외적인 면에 있어서도 성실한 모습을 보여야 한다. 리더의 행동은 많은 사람들이 주시할 뿐 아니라, 알게 모르게 주위에 영향을 미치기 때문이다.

책 읽기를 좋아하는 친구가 곁에 있으면 자연스레 책을 가까이 하게 되고, 음악을 좋아하는 친구가 곁에 있으면 음악에 관심을 갖기 마련이다. 상대적인 예로 주위에 욕을 잘하는 친구가 있으면 자기 자신도 모르는 사이에 욕이 입에 밸 수도 있다.

이러한 일은 조직 내에서 더욱 두드러지게 나타날 수 있으므로 리더는 조직과 구성원들을 위해 땀 흘려 일하는 모습을 보여야 한다. 그래야만 구성원들도 이런저런 불평하지 않고 리더의 성실함에 감동하여 자연스럽게 리더를 따르게 되는 것이다.

리더는 일관성이 있어야 한다 ★🖑

리더는 자기 자신의 원칙과 믿음을 갖고 일관되게 업무를 처리해야 한다. 리더의 일관성 있는 리더십은 구성원들이 리더를 신뢰하고 의지하게 만드는 원동력이다. 구성원들이 리더에 대한 신뢰를 갖고 있다면, 조직이 힘들고 위험한 상황에 처하더라도 구성원들이 흔들림 없이 자신의 업무에 충실히 임하기 때문에 어려움을 극복할 수 있게 된다.

리더는 이해심을 가져야 한다 *👆

조직을 운영하는 데 있어서 가장 이상적인 것은 조직의 목표를 성공적으로 달성하는 것이다. 하지만 때로는 실수도 있을 것이며 실패도 있을 것이다. 리더는 구성원이 비록 목표를 달성하지 못하고 실패했다 하더라도, 이를 용납하고 포용할 줄 알아야 한다.

대한축구협회의 정몽준 회장은 2002 월드컵을 위해 거스 히딩크 감독을 국가 대표 감독직에 임명했다. 하지만 부임 초기에 계속 저조한 성적을 보이자, 축구협회 관계자들은 감독을 교체해야 한다고 주장했다. 그러나 정몽준 회장은 히딩크 감독의 실수를 이해하고 너그럽게 기다려 주는 미덕을 보였다. 그 결과, 히딩크 감독은 수많은 언론의 독설에도 불구하고 자신의 능력을 마음껏 발휘하여 수많은 축구 강호들을 쓰러뜨리고 월드컵 4강이라는 신화를 만들어 냈다.

이 밖에도 구성원이 실수했을 때 강한 질책보다는 넓은 이해심이 더 큰 효과를 발휘할 수 있다는 것을 보여 주는 예는 무수히 많다.

리더는 역지사지의 능력을 갖춰야 한다 *☝

　리더가 구성원들의 마음을 헤아리기 위해서는 상대방의 입장이 되어서 생각할 줄 알아야 한다. 이러한 역지사지(易地思之)의 능력은 모든 조직에서 필요하지만, 특히 군대 조직에서 더 큰 효과를 발휘한다.

　처음 자대에 배치되어 온 이등병은 낯선 환경에서 두려움과 외로움을 많이 느끼게 되는데, 이런 힘든 상황을 이미 겪어 본 선임병이 따스하게 말을 건네며 격려해 준다면 이등병은 큰 힘을 얻어 주눅 들지 않고 조직에 적응하여 자신의 임무를 수행해 나갈 수 있게 될 것이다.

　또한 이러한 분위기가 확산되어 도미노 현상처럼 계속 이어지면, 조직 자체가 한층 더 부드러워질 뿐 아니라 단합의 계기가 되기도 한다.

감정을 조절할 줄 아는 리더

아침에 허겁지겁 출근한 직원이 조심스레 문을 열었는데 먼저 나와 계신 사장님을 보고 화들짝 놀라며 "어머! 사장님, 언제 나오셨어요?" 하고 물으니 사장님이 허허 웃으며 "나? 61년 전에!" 라고 웃으며 한마디 할 수 있는 리더를 우리는 좋아한다.

예전과 달라서 요즘은 그 자리에서 면박 주고 야단을 쳐서는 상대방을 변화시킬 수 없다. 상대로 하여금 감동받고 반성하게 하는 부드러운 리더십, 그것은 바로 유머 리더십이다. 리더가 자신의 감정을 조절할 수만 있다면 이 시간부터 조직원들이 받는 스트레스는 조금은 줄어들 것이다.

오래전에 타계한 일본의 전 총리 오부치 게이조는 "나는 유머리스트와 성실한 정치인의 두 얼굴을 가지고 있다."고 종종 언급해 왔다. 그는 90년대 후반 한국을 방문해 고려대학교에서 강연을 끝내고는 "나는 유머리스트의 면모를 오늘의 강연에서 보여주지 못했으니 다시 기회를 달라."고 요청하여, 10여 분간 청중을 웃게 하고 강단을 내려갔다. 스스로를 유머리스트라고 말할 만큼 평소 갈고닦은 유머에 자신감이 있었던 것이다.

우리가 흔히 언론이나 주변에서 보면 똑같은 말을 해도 더 분위기를 살리고 재미있게 말하는 사람이 있는 반면, 어쩌다 한번 웃겨 보려다가 분위기만 썰렁하게 만드는 사람들도 있다. 과연 재미있는 사람은 타고나는 것일까? 궁금할 것이다.

남을 즐겁게 하는 재주는 하루아침에 생기는 것은 아니다. 그렇다고 그리 어려운 작업도 아니다. 유머를 하찮은 것으로 여길 게 아니라, 관심을 가지고 세상을 긍정적인 눈으로 바라본다면 유머 감각을 키우는 것은 그리 어려운 일이 아니다.

마케팅 전문가인 미국의 스티븐 실비거는 "농담을 던질 만한 능력이 있는지 스스로 검토해 보고 유머를 사용할 필요가 있다." 고 말했는데 '혹시 상대가 내 얘기에 안 웃으면 어쩌지?'라는 걱정을 버리고 이야기 중에 자연스레 써 보라.

유머를 자연스럽게 활용하게 되면, 이야기를 정확하게 이해하게 하고 오랫동안 기억에 남게 할 수 있다. 앞뒤 안 맞는 말을 길게 늘어놓거나, 적절치 못한 비유, 내용과는 생뚱맞거나 분위기에 전혀 어울리지 않는 유머, 어수선하고 핵심도 없는 얘기를 혼자서 웃기다고 장황하게 늘어놓는 리더가 지금 우리 조직에 있다면 스스로 바꿔 보도록 노력을 해 보자. 분명 변화가 생길 것이다.

20세기가 진지하고 심각한 베토벤의 시대였다면, 21세기는 경쾌하고 발랄한 모차르트의 시대라고 말한다. 또한 웃겨야 산다는 말도 몇 년 새에 어색하지 않게 받아들여지는 시대가 되었다. 그런 만큼 유머를 잘 구사함은 물론, 타인의 농담을 부드럽게 받아들이는 능력이 새로운 재능으로 떠올랐다. 영화도 작품성보다 얼마나 재미있고 웃기는가에 따라 관객이 늘어나고, 텔레비전 프로그램에서도 〈개그콘서트〉 프로그램이 다시 시청자들의 요청에 따라 방송이 시작될 정도로 인기이다. 예능 프로도 방송 진행자 대부분이 입담 좋은 사람들로 구성되어 있다.

이젠 직장에서도 어두운 표정의 능력 있는 자들보다는 보통 능력이라도 유머러스한 직원이 각광받고 있다. 유머 경영을 말할 때 늘 등장하는 유머 경영의 선두주자인 사우스웨스트 항공사 역시 창업자 허브 켈러허 회장을 비롯하여, 전 직원이 유머로 똘똘 뭉쳐 항시 위험을 안고 있는 운항을 최고의 즐거운 경험으로 바꿔 놓고 있다. 그리고 보면 유머는 각박한 세상에서 자신과 남을 행복하게 만드는 도구이자 축복인 것이 분명하다.

인간이 느끼는 감성에는 다양한 형태와 종류가 있는데, 일반적으로 알려진 감성의 종류를 알아보자.

기쁨(Joy) ★👆

기쁨은 즐거움과 만족감을 느끼는 감성으로 행복하고 유쾌한 상태를 나타내며 긍정적인 에너지와 웃음을 가져온다.

슬픔(Sadness) ★👆

슬픔은 안타까움과 비애를 느끼는 감성으로 손실, 분노, 혹은 외로움과 같은 부정적인 감정을 표현한다. 때로는 아픔을 표현하는 용도로 사용되기도 한다.

분노(Anger) ★👆

분노는 화나거나 격노한 상태를 나타내는 감성으로 불만이나 억압된 감정을 표출할 때 사용되며, 자신의 권리나 가치를 지키기 위한 에너지로 작용할 수 있다.

사랑(Love) ★👆

사랑은 애정과 연민을 느끼는 감성으로 다른 사람이나 대상에 대한 강한 긍정적인 감정을 나타낸다. 사랑은 다양한 형태를 가지며, 가족·친구·연인·동물 등 다양한 대상을 향한 애정을 포함한다.

두려움(Fear) ★👆

두려움은 위협이나 불안으로 인해 느끼는 감성이다. 위험을 감지하고 자신을 보호하기 위한 생존본능으로 작용하며 신체적·정신적으로 긴장된 상태를 유발할 수 있다.

놀라움(Surprise) ★👆

놀라움은 예상치 못한 상황이나 이벤트로 인해 느끼는 감성이다. 깜짝 놀라거나 주목하는 순간에 발생하며 호기심과 경이로움을 동반할 수 있다. 이외에도 우리 삶에 풍요로움과 다양성을 더해 주며 자신의 감정적 경험을 표현하고 이해하는 데 도움을 준다.

감성을 크게 나눈다면 포지티브 감성과 네거티브 감성으로 나눌 수 있는데, 포지티브 감성은 구성원들의 신뢰·충성심·몰입·창의성·생산성 등에 상당한 도움을 줄 수 있고, 네거티브 감성은 감정적으로 우울하거나 화가 나 있을 경우 정확한 정보처리가 어렵고 업무에 대한 집중력이 떨어져 비합리적 의사결정을 할 가능성이 높다.

네거티브 감성은 팀 동료와의 화합이나 고객 대응에 좋지 않은 영향을 줄 수도 있다. 화가 난 상태에서의 친절한 고객 응대는 어렵고 거의 불가능하며, 팀의 동료와의 원활한 협동이 제대로 이루어질 수 없다. 개인의 걱정이나 불안감과 같은 좋지 않은 감정이 조직 전체에 퍼져 조직의 성과 향상에 걸림돌이 될 수밖에 없는 것이다.

타워스 페린(Towers Perrin) 글로벌 경영 컨설팅 기업이 북미 기업을 대상으로 1,000여 명의 종업원과 300여 명의 인사 담당 임원을 대상으로 한 연구 결과에 의하면, 약 23%가 일에 대해 좋은 감성을 가지고 있는 데 비해 약 77%는 네거티브 감성(52%는 다소 부정적, 25%는 매우 부정적)을 갖고 있다고 한다.

감성이 개인과 회사의 성과에 중대한 영향을 미치고 있음을 감안할 때 이직 의향에도 영향이 있는데, 현 수행 업무에 대해 포지티브 감성을 갖고 있는 사람은 6%만이 이직 의향을 가지고 있는 반면 네거티브 감성을 갖고 있는 사람은 약 30%가 이직 의향을 가지고 있다고 한다.

감성을 관리하는 데는 여러 가지 방안이 있겠지만, 이처럼 네거티브 감성을 관리하고 포지티브 감성을 높이는 방안을 모색함에 있어 중심축은 구성원들과 가장 함께 일하고 많은 시간을 보내는 리더들이라고 할 수 있다. 리더의 언행 하나하나가 구성원들의 포지티브 감성을 높이는가 하면, 사기와 일하는 기쁨을 빼앗을 수도 있기 때문이다. 그러면 직원들의 사기를 꺾는 리더의 유형을 알아보자.

의도적으로 자존심을 건드리는 리더(Intentional Attack) ★👆

직원들의 사기를 꺾는 첫 번째는 의도적으로 부하 직원의 자존심을 건드리는 리더의 언행이다. 자신이 가진 권력이나 위치를 이용해 권위를 내세우려고 조직원들의 생각과 행동을 통제하려는 리더이다. 이들은 조직원들을 인격적으로 무시하거나 자존심을 건드려서 자신의 권위에 도전하지 못하도록 하는 것이 가장 훌륭한 동기 부여 방법이라고 착각한다.

이런 유형의 리더들이 직원들 앞에서 부하 직원의 낮은 업무 성과나 무능함을 신랄하게 비난하는 이유는 의외로 아주 단순하다. 주위로부터 비난을 받지 않으려면 더욱 열심히 일하라는 경각심을, 리더의 입장으로 부하 직원에게 강하게 심어 줄 수 있다고 믿기 때문이다.

그러나 공개된 자리에서 인격적으로 모욕이나 공격을 받게 되면 자존심이 상할 뿐 아니라 마음에 깊은 상처를 입게 되고 오랫동안 좌절감으로 자신감까지 상실하게 된다. 또한 함께 일하는 동료들 간의 관계도 어색해지면서 팀워크도 제대로 발휘도 못하게 될 수 있다. 이런 상황에서는 더 열심히 노력하기보다는 괜히 일해 봤자 좋은 소리도 못 들을 것이 뻔하다며 미리 포기하고 조용히 있는 것이 자신을 위해 더 낫다고 생각할 가능성이 높다.

그 결과, 생산성이 줄어들고 소통이 전혀 안 되는 '벙어리 조직'이 될 가능성이 크다.

감성에는 전혀 관심이 없는 리더(Insensitivity) ★👆

조직원들의 감정이나 심리 상태를 전혀 이해하지 못하거나 사소하게 취급하고 배려하지 못하는 리더이다.

일반적으로 대부분의 리더들은 자신의 전문 지식을 바탕으로 조직에 성과를 내면서 승진하게 된다. 그러다 보니 대부분의 리더들이 업무 성과 면에서는 매우 탁월하나, 부하 직원을 다루는 관리능력은 아주 부족한 경향이 많다. 이러한 리더들은 구성원들의 감정은 구성원 각자가 알아서 해결해야 할 문제라고 치부하고 매우 무감각하게 지나치곤 한다. 따라서 '개인적인 감정은 회사에 들어오기 전 밖에서 해결하라.'는 식이 대부분이다.

개인의 감성이 조직의 업무 성과에 결정적인 영향을 준다는 것은 이미 많은 연구들을 통해 알려진 사실이다. 더욱이 하루의 절반 이상을 회사에서 생활한다는 점을 생각해 볼 때, 부하 직원의 개인적 감정이 매우 중요하다는 것을 리더는 알고 관리해야 한다. 그렇지 않을 경우 조직원들은 내면의 걱정이나 애로 사항을 털어놓지 못하게 되어, 리더와의 관계는 멀어지게 되고 결국엔 업무에도 지장을 줄 것이다.

항상 말과 행동이 다른 리더(Inconsistency) ★👆

직원들의 사기를 떨어뜨리는 리더의 또 다른 유형은 말과 행동이 일치하지 않는 것이다.

평상시에 하는 말과 실제 행동하는 것이 다를 경우, 구성원은 리더와 조직까지도 신뢰하지 못하게 될 것이다. 이런 경우 구성원들은 일할 의욕을 잃고 열심히 회사를 위해 일할 생각도 안 들 것이다. 언제 말이 바뀔지 모르는 리더를 위해 누가 열심히 일하겠는가?

가령 승진이나 임금 인상 약속을 지키지 않거나, 부하 직원의 아이디어를 가져가 자신의 아이디어인 것처럼 회사에 보고할 때, 그 배신감과 허탈함은 매우 클 것이다. 이런 사례는 주변에서도 가끔 볼 수 있었다. 결국에는 회사를 떠나거나 일에 대한 열정을 더 이상 찾아보기 힘들 때도 있다.

더 큰 문제는 리더에게 느끼는 이러한 배신감이 다른 동료들에게도 전염되어 사기를 떨어뜨릴 수도 있다는 점이다. 또한 믿었던 리더에게서 신뢰를 잃었을 경우에는, 또다시 반복될지도 모른다는 두려움을 가질 수 있다. 그리하여 결국 지식이나 기술을 서로 공유하거나 협력이 원활히 이루어지지 않을 수도 있다.

지나치게 업무 성과 위주로만 움직이는 리더(Imbalance) *👆

지나치게 업무 성과 중심으로만 관리 · 통제하는 일벌레 리더가 여기에 해당된다. 이런 리더들은 부하 직원들의 감정 등에는 관심도 없고 오직 회사 업무 중심으로만 생각하고 행동한다. 또한 업무 중심이다 보니 팀원들에게 높은 성과 목표를 부여하고 그 결과에만 지독하게 집착하는 경우가 많다. 또한 구성원들의 성과 중심이다 보니 창의성 발휘나 구성원들의 일에 대한 열의를 저하시키기도 한다.

이러한 리더 밑에 있으면 구성원들은 스트레스를 많이 받을 뿐 아니라 조직에 대해 일이나 시키는 매정한 곳이라는 부정적인 생각을 하게 된다. 그럼에도 이를 미처 생각하지 못하는 리더들은 구성원들의 감성을 이해하지 못하고 '내가 이렇게 잘 챙겨 주는데, 왜들 불만인 거야?'라고 오히려 구성원들이 잘못하는 거라고 생각한다.

온라인 취업 포털 사이트가 약 2천여 명의 직장인을 대상으로 한 설문 결과에 의하면, '업무에 대한 지나친 부담감과 계속되는 야근'이 직장인 스트레스의 1순위라고 나타났다. 이처럼 지나치게 업무 성과 중심으로 관리할 경우, 구성원들은 회사와 개인적 삶 간에 균형을 잃게 될 수도 있다. 업무 성과 달성을 위해 회사에만 매달리다 보면 가정에 소홀하게 되고, 개인적으로도 업무 과부하로 건강에 이상이 생길 수도 있다.

감정을 조절하는 리더의 조건 ★👆

그러므로 리더는 구성원들이 즐겁고 활기차게 조직 생활을 할 수 있게 하기 위해서는 감성 핸들러(Emotion Handler) 역할을 나서서 해야 한다. 또한 구성원들의 웰빙(Well-Being)에 대해 관심을 가지고, 그들의 심리 상태가 우울한지 어려운 마음 상태인지를 정확히 파악하여 상황마다 대처하려는 노력을 해야 한다.

'마음이 깨지면 머리가 절대로 작동하지 않는다.'라는 말처럼, 구성원들의 감성에 관련된 문제를 적시에 해결해 주지 못하면 조직의 분위기가 침체될 뿐 아니라 제대로 업무 성과도 나올 수가 없다. 그러므로 구성원들이 스트레스 받고 우울하고 아픈 마음에서 벗어나 평소의 안정된 심리 상태를 회복하여 열정적으로 일할 수 있도록 분위기를 만드는 리더의 리더십이 필요하다. 이를 위해서는 다음과 같은 노력이 따라야 한다.

첫째, 대화하는 도중에도 구성원에 대한 리더의 공감이 드러나도록 적극적인 자세가 필요하다. 구성원에 대한 애정, 신뢰, 존중의 따뜻한 마음을 구성원들에게 표현해야 상호 교감을 형성할 수 있다.

둘째, 숨 쉴 공간(Breathing Room)과 시간을 만들어 줘야 한다.

셋째, 구성원들에게 처해 있는 어려움이 무엇인지 귀담아 진심으로 들어 주는 경청의 자세를 가져야 한다. 예컨대 불만이나 고충을 겪고 있는 구성원이 찾아오면 밀어붙이기식 추궁보다는 편안히 말할 수 있는 분위기를 만들어 주면서 상대가 말을 하는 동안 공감하듯이 하는 말에 고개를 끄덕여 주는 것이다. 그러한 노력만으로도 리더가 자신의 이야기에 공감하고 이해하려고 노력하고 있다고 느낄 수 있기 때문이다.

흉보는 버릇 고치기

영국의 극작가이자이며 평론가였던 벤 존슨은 어디에 초대되든 음식을 흉보는 버릇이 있었다. 어찌나 지독하게 깎아내리는지, 같이 식사하는 사람까지 식욕이 없어지고 분위기도 엉망으로 만들었다.

그날도 역시나 초대된 곳에서 나온 음식을 보고 말했다.

"이건 완전 돼지 먹이네요."

이 말을 들은 여주인은 아무렇지도 않은 듯 크게 웃으며 말했다.

"어마나! 그래요? 그렇다면 한 접시 더 드려야겠어요."

그 이후로 벤 존슨은 음식을 흉보는 버릇을 고쳤다.

지나치게 높은 성과나 회사에 기여를 요구하기보다는, 다소 쉬운 일을 부여하거나 구성원들이 잠시 여유를 갖도록 휴가를 줌으로써 개개인이 생활의 균형을 회복할 수 있도록 기회를 주는 것이다.

한 예로, 전 세계적으로 알려진 식품 및 음료회사인 Kraft Food

사는 구성원들이 차를 마시면서 책을 읽거나 일로 인한 스트레스를 풀 수 있도록 휴식을 취할 수 있는 'Kraft Flex Program'이라는 제도를 실행하고 있다. 그리하여 독서를 통한 자기 개발이 가능한 것뿐 아니라 업무상 스트레스를 줄여 줌으로써 생산성을 높이는 효과까지 나타나고 있다.

적당한 다리 길이

미국의 16대 대통령 링컨은 키가 컸다. 무엇보다 하체가 길어서 그의 걸음걸이가 좀 특이했다. 링컨이 한창 선거 유세를 하고 있을 때, 한 사람이 다가와서 비꼬듯 물었다.

"사람의 다리 길이는 어느 정도면 적당한가요?"

링컨은 빙그레 웃으며 대답했다.

"땅에 닿을 만큼."

친밀감과 신뢰감을 주는 리더

권위적이고 카리스마가 넘치는 리더를 원하는 시대는 갔다. 무게를 잡고 권위적인 리더보다는 조직에 활기를 주고 사람 간에 웃음이 넘쳐나게 하는 유머 감각이 풍부한 리더를 모두가 환영한다.

이제 유머는 있으면 좋고 없어도 상관없는 것이 아니라 필수 요소가 됐다. 기업에서도 역량 있는 CEO의 요건 중 하나가 '유머 리더십'이다. 유머로 직원들의 긴장과 스트레스를 줄여 주고 활기를 불어넣어 생산성을 높인다는 '펀 경영'이 세계 기업들의 호응을 얻으면서부터이다.

최근 세계 1위 헤드헌팅 그룹인 미국 '로버트 해프 인터내셔널'의 조사 결과에서 절대 다수 직원들이 유머 감각을 CEO의 중요한 자질로 꼽았다고, 캐나다 일간지 「글로브 앤 메일」이 보도한 바 있다. 게다가 응답자의 다수인 97%가 자신들이 전문성을 갖췄으면서도 직원들에게 웃음을 주는 상사를 보다 더 잘 따르는 경향이 있다고 답했다. 이에 대해 로버트 해프 CEO는 이같이 분

석했다.

"어려운 상황에 대해 자조적 농담을 할 수 있는 경영자는 가까이하기가 조금은 수월하고, 직원들이 당면한 문제에 대해 보다 잘 이해한다는 평가를 받는다. 경영자의 재치 있는 농담은 직원들의 기분을 좋게 만들어 팀의 분위기를 바꾸고 서로 간의 관계까지도 단단하게 결속시켜 준다."

비자와 쉐브론을 고객으로 확보하고 있는 캐나다 데이빗 그래너러 컨설턴트는 "유머 감각이 새로운 형태의 권위로 부상하고 있다."면서, '나는 항상 옳으니 어느 누구도 내게 도전하지 말라.'는 식의 전통적 형식의 권위적 태도는 더 이상 인정받지 못한다고 말한다. 대신 잘난 체하지 않고 스스로에 대해 자조 섞인 농담을 하는 여유를 보일 경우 직원들로부터 보다 큰 충성심과 아울러 애사심까지 불러일으킬 수 있다고 한다.

CEO들의 긴장 완화를 지원하는 뉴욕 '유머 유니버시티'의 앤 프라이 컨설턴트는 "이익을 위해 오락을 희생한다면, 결국 이익이 희생당하는 결과를 가져온다."며 일상에서의 오락이 필요함을 강조했다. 또 "벤앤제리스나 구글, 사우스웨스트 항공, 야후를 보라."면서 "이들은 세계적으로도 가장 수익률이 높은 기업들이지만 동시에 직원들이 흥미와 재미를 느끼며 일할 수 있도록 한다는 공통점을 갖고 있다."고 했다.

캐나다 일간지는 "사람들은 매우 진지한 태도를 보이려 하며, 바로 그러한 태도가 정작 타인들이 자신에게 바라는 자세라고 생각한다."면서 "근심이 없어 보이면 꿈과 야망이 없다고 평가받을 것이라고 생각할지 모르지만, 현실은 이런 생각과는 완전 정반대다."라고 말했다.

서비스형 리더십의 전형 ★🖑

한 인터넷 사이트에서 재미있는 조사를 진행한 적이 있는데, 전국의 아르바이트생 1,107명을 대상으로 '만약 연예인 중에서 우리 사장님이 된다면 가장 좋을 것 같은 1인'을 고르라는 질문이었다. 이 조사에서 사장님 감으로 꼽힌 최고의 사람은 다름 아닌 유재석(34.7%)이었다. 본인이 원하든 원치 않든 유재석은 이미 시청자나 연예계 선후배, 그리고 일반인들에게 이미 특유의 친화력과 겸손함으로 친밀감과 상당한 신뢰감을 주고 있다.

이렇듯 리더십에서 가장 중요한 것은 '배려와 친절함'이다. 남에 대한 배려는 그 자신이 그러한 마음자세를 갖지 않는 이상 억지로 되는 것이 아니다. '배려'라는 덕목은 남의 가려운 곳을 눈치채고 시원스레 긁어 줄 수 있는 것을 의미한다. 이는 착하다고 해서 다 되는 게 아니다. 그리고 배려를 잘하는 리더는 행여 뒤처지는 직원이 있더라도 진심으로 격려나 조언을 아끼지 않는다.

약간은 모자란 듯 '어리바리' 캐릭터로 사람들과 친근감 있게 다가선 가수 김종민은 모 인터뷰에서 연예 오락 프로그램에 나오며 난감했던 속내를 꺼내 놓았다. 그는 방송 처음엔 언제 말을 해야 될지도 몰라 프로그램 내내 입도 벙긋 못했는데 유재석이 수시로 보듬어 주면서 "괜찮으니 걱정 말고 말하라."고 격려해 준 덕에 말을 하기 시작했다고 한다. 김종민은 방송인 중에서 가장 존경하는 사람이 유재석이라며 감사한 마음을 연신 드러내며 말했다.

조직 위에 군림하는 리더십이 아니라 조직 내부 구성원들에게 동기를 부여하고 그들의 성공을 지원하는 데 역점을 두는 '서비스형 리더십'의 전형이라 평가했다. 서비스형 리더십의 핵심도 역시 친밀감과 신뢰감이다. 그러기 위해서는 실력을 기본으로 갖추고, 친절함과 성실함으로 무장해야 하는 것은 물론이다.

겸손한 남자의 변변치 못한 대답

어느 마을에 겸손하기로 소문난 남자가 있었다. 그는 말할 때마다 '변변치 못하다.'는 말을 입에 달고 살았다. 그런 그가 어느 날 손님을 초대했는데, 술이 얼큰히 들어간 손님이 흥에 겨워 한마디 했다.

"오늘 밤 달도 밝고, 멋진 밤입니다."

그러자 겸손한 남자가 말했다.

"원 별말씀을……. 변변치 못한 우리 집 딸을 칭찬해 주시니 몸 둘 바를 모르겠습니다."

엉뚱한 해고

어느 회사의 사장이 게으르고 나태한 직원들을 모두 해고시키 겠다고 벼르면서 공장을 둘러봤다. 그런데 한 사람이 일도 하지 않고 우두커니 서 있는 것이 아닌가. 옳거니! 본때를 보여 주어야 겠다고 생각하고 그를 불렀다.

"자네, 한 달에 얼마 받지?"

"네, 1백만 원 받습니다."

그 말을 들은 사장이 주머니에서 1백만 원을 꺼내 주면서 말 했다.

"자, 이거 받고 그만 가 보게."

그 젊은이는 돈을 받자마자 쏜살같이 공장 밖으로 나갔다.

사장이 주위를 둘러보면서 말했다.

"아까 그 젊은이는 어느 부서에서 일했지?"

"피자 배달하러 온 사람인데요."

감성 지능이 높은 리더

어디를 가나 분위기를 밝게 만드는 리더, 잘못한 점을 그 자리에서 야단치거나 지적하지 않는 리더, 그러면서도 조직원들이 회사의 이익을 위해 앞장서서 노력하게 하는 리더, 그런 리더를 우리는 좋아한다.

유머 감각이 있는 리더는 어느 자리를 가든 먼저 인사하고 상대를 배려하며 인기를 얻는다. 재미있는 말 한마디에 상대가 긴장을 풀며 마음을 열기 때문이다. 그래서인지 유머 있는 리더가 주변을 늘 활기 있게 만든다.

유머 감각이 후천적 노력에 의해 습득될 수 있다는 인식의 변화와 서점에 앞다투어 나오는 유머 책만 봐도 소통과 화합을 위해 유머가 한몫한다는 사실을 알 수 있다. 지극히 보수적이고 엄격하기만 한 과정에도 스트레스 해소를 위한 유머 활용법이 들어가고, 리더들이 유머를 배워 보겠다고 과정을 듣고 계신다. 리더의 유머 마인드가 조직의 갈등을 해소시키는 데 도움이 되고, 조직원들이 즐겁게 일을 할 때 생산성이 배가된다는 것을 알기 때문이다.

리더의 유머 사용은 조직원들의 공격적 행동 감소와 함께 긴장과 걱정을 완화시켜 주며 의사소통 적응력을 높이는 데 도움을 준다는 논문 결과(Duran, 1983)에서도 볼 수 있듯이, 설득의 원천으로서 청중의 관심을 끌고 다른 사람과의 인간관계를 원활하게 해 주며 갈등과 긴장 해소, 의사소통의 효과를 극대화할 수 있는 중요한 요소임에 분명하다.

그래서 심각한 사회 문제들을 직설적으로 비판하고 지적하기보다는 우회적으로 돌려 유머로 표현하려고 노력하고 있지 않은가. 이러한 현상은 유머가 낮은 표현의 하나로 인식되어 온 과거에서 탈피하여 새롭게 변화되고 있음을 의미한다.

사람들의 얼굴에 웃음이 많아지고 표정이 밝으면 그만큼 사회가 건강해진다. 사는 일이 답답하고 힘들더라도, 웃으면서 머리를 맞대고 마음을 모으면 원만한 해결책을 찾을 수 있다. 또한 웃음은 전염성이 강하기 때문에 조직의 결속력을 다지는 접착제 구실까지 한다.

요즘 사는 것이 재미없고 팍팍하다는 사람들이 적지 않다. 이런 때일수록 배꼽 잡고 웃을 만큼 재미있는 유머 한마디를 던져서 분위기를 반전시켜 봐라. 그렇게 웃다 보면 신나게 살 수 있는 꼬투리를 잡을 수 있을 테니 말이다.

상황이 어려울수록 밝은 분위기에서 해결하려고 애를 쓰고, 억지로라도 웃어야 한다. 그러다 보면 어려움도 지나가고, 다 잘될 것이다. 물론 일이 어려울 때 웃는 것이 쉽지 않지만, 대부분의 경우 일 자체의 어려움보다도 악화된 분위기 때문에 상황이 더욱 어려워지는 경우가 적지 않다. 화를 내거나 상대를 원망하고, 분을 이기지 못해 악을 쓰고, 폭언을 퍼붓거나 폭행도 하고……

건강하고 활기찬 웃음이 곳곳에서 넘쳐나야 갈등지수 4위라는 우리나라가 오명을 벗게 된다. 리더가 먼저 웃고 직원들을 웃게 하자. 매출이 달라질 것이다.

인간적인 감성에 호소하는 지도력 ★👆

기업 경영에 있어서 경영진은 최종적인 성과도 중요하지만, 그 성과 달성의 기본 요체인 '사람이 먼저'라는 경영 철학을 가지고 있어야 한다. 일류 기업들의 경영 철학들 중 감성을 강조하는 문구를 종종 볼 수 있는데, 이는 구성원들이 회사에서 느끼는 감성을 세심하게 배려하고 있다는 증거이다.

유머 경영과 함께 가족 같은 문화 조성에 앞장서고 있는 사우스웨스트 항공(Southwest Airline) CEO 허브 켈러허 회장은 "직원의 근심거리가 생겼을 때는 즉각적으로 도와줘라."고 말하면서 구성원들에 대한 각별한 관심을 드러낸 바 있다.

또한 켈러허 회장의 여비서로 시작해서 회장 자리에 오른 콜린 바렛(Colleen Barrett)은 이혼 또는 자녀 양육 관련 소송에 얽혀 있던 직원을 자신의 돈으로 즉시 지원했다고 한다. 켈러허 회장이 바렛 회장을 '사람들이 성공할 수 있도록 사랑하는 방법을 아는 유일한 사람'이라는 이유로 회장직까지 승계해 준 일화는 감성 경영의 진수라고 할 수 있을 것이다.

국내에서도 직원들의 감성을 자극하여 기업 문화에 활기를 불어넣으려는 기업들이 증가하고 있다. 야외(식당, 찜질방 등)에서 경영진과 넥타이를 풀고 허심탄회하게 대화할 수 있는 시간을 갖거나, 매달 1회씩 영화나 뮤지컬을 감상하는 날을 정하거나, 가족과의 여행을 지원하는 등이 그것이다.

그러나 이러한 제도가 형식에 그쳐서는 곤란하다. 머리가 아닌 가슴으로 구성원들에게 다가가, 그들이 느끼는 감성을 함께 체험하고 챙겨 주는 리더십을 실천하는 자세를 보여 줄 때 구성원들은 진심으로 감동받고 조직과의 일체감을 갖게 될 테니 말이다.

미시간 대학의 제임스 V. 멕코넬 심리학과 교수는 웃음에 대하여 이렇게 말한다.

"웃을 줄 아는 사람은 경영이나 영업을 보다 효과적으로 할 수 있으며 자녀를 성공적으로 기를 수 있다. 따라서 벌을 주는 것보다는 웃으며 격려해 주는 것이 훨씬 더 효과적인 방법이다. 자식의 탈선으로 힘들어하는 부모의 80%는 습관적으로 웃지 않는 부모들이다."

웃으면서 격려해 주는 리더 앞에서 우리의 마음은 쉽게 움직인다. 웃을 줄 아는 리더는 사람을 중하게 여기기 때문이다. 그 거역할 수 없는 힘의 근원에 대해 사람들은 전략이니 비전이니 또는 사상이니 하는 말들을 붙이기도 하지만, 그 힘의 실체는 인간적인 감성에 호소하는 지도력인 경우가 대부분이다.

두 간부의 차이점

영국의 BBC 방송의 뉴스국은 원래 시험 삼아 개설되었는데, 차츰 규모가 확장되어 어느덧 200여 명의 기자와 편집자들을 거느리게 되었다. 그러나 경제 상황이 악화되자 경영진은 결국 뉴스국을 폐쇄하기로 결정하고 말았다.

경영진의 이러한 결정을 전달하기 위해 간부가 파견되었는데, 그는 처음 이야기를 시작할 때부터 경쟁사는 잘하고 있다는 둥 직원들을 자극하는 소리만 하다가 뉴스국을 폐지하기로 했다는 소식을 전했다.

뉴스국 직원들은 경영진뿐만 아니라 그 소식을 전달한 사람에게도 격분했고, 분위기가 어찌나 살벌했던지 간부가 뉴스국을 빠져나오기 위해서는 경비를 불러야 할 정도였다.

다음 날, 다른 간부가 다시 뉴스국을 찾았다. 그는 허심탄회하게 사회에 미치는 언론의 영향력에 대해 언급하면서, 이제 모두가 최전선에 나서야 한다고 말했다. 그는 경제 불황과 함께 언론인의 위치가 최저 수준으로 곤두박질쳤지만, 뉴스국 직원들에게 언론의 공익성을 지키려는 열정과 헌신의 마음을 간직하라고 당부하면서 이야기를 마무리했다.

간부가 이야기를 마치자, 직원들은 환호를 보냈다.

위의 두 간부는 경영진의 의사를 전달하는 과정에서 감정과 어조에 큰 차이를 보였다. 한 사람은 사람들 사이에 적대감과 반발심을 불러일으켰고, 다른 사람은 어려움 속에서도 희망과 감동을 느끼도록 만들었다.

동서고금을 막론하고 어떤 집단에서든 모름지기 리더란 불안하거나 위협적인 상황에서, 혹은 수행해야 할 과업이 있을 때 사람들에게 확신과 명쾌함을 주는 존재들이었다. 초기 인류의 리더들인 부족장이나 주술사들이 자신들의 입지를 확보할 수 있었던 까닭은 그들의 지도력이 감성적 차원에서 권위를 갖고 있었기 때문이다.

그런가 하면 감성은 전염되는 성질을 가지고 있다. 언어에 의한 교류를 완전히 배제한다 할지라도 서로 끌리는 감정을 느끼는 상황에서는 마치 봇물이 터진 것처럼 감성이 퍼져 나간다는 것을 많은 연구 결과가 보여 주고 있다. 가령 서로 모르는 세 사람이 몇 분간 말없이 마주 앉아 있어도, 그중에서 가장 감정 표현이 풍부한 사람이 다른 두 사람에게 자신의 감정을 전염시키게 된다는 것이다.

마음이 즐거우면 다른 사람이나 사물을 긍정적인 관점에서 바라보게 된다. 그것은 다시 그 사람에게 무엇이든 해낼 수 있다는 더 큰 자신감을 안겨 주고, 창의성과 판단력을 키워 주며, 뭔가 도움이 되고자 하는 마음을 갖도록 하는 것이다.

특히 팀 단위의 활동에서는 즐거운 기분이 더 중요하다는 것이 확인되었다. 리더가 팀의 분위기를 열정적이고 협조적으로 만들 수 있느냐 없느냐에 성공 여부가 달려 있는데, 집단 내에서 정서적 갈등이 일어나 각자가 맡은 일에 집중할 수 없게 되면 업무의 처리는 난항을 거듭할 수밖에 없다. 결론적으로 말하자면 리더의 감성과 행동이 그를 따르는 사람들의 감정과 행동에 그대로 영향을 미친다는 것이다.

리더가 자신의 감정을 잘 다스리고 다른 사람의 감정에 긍정적인 영향을 주는 것은 단순히 개인의 문제가 아니라 사업의 성공 여부를 좌우하는 요인으로 작용한다는 것이 많은 사례를 통해 증명되고 있다.

감성 개발법 ① 개인적인 측면 ★👆

그렇다면 감성은 어떻게 개발하는가? 감성은 타고나는 것이 전부가 아니기 때문에 후천적으로 얼마든지 개발이 가능하다. 아무리 탁월한 감성을 갖고 태어났다고 해도 그것을 적절하게 사용하지 않으면 아무 소용이 없다. 또한 자신이 감성적으로 무디고 거칠다고 생각하는 사람도 자신의 내면을 잘 들여다보면 의외로 감성적인 요소가 있음을 발견하는 경우가 적지 않다.

그렇다면 감성 리더가 되기 위해 어떻게 이를 개발할 수 있는지, 리더의 개인적인 측면과 공동체적인 측면으로 나누어서 알아보자. 먼저, 리더의 개인적인 측면에서 살펴본다.

첫째, 명상으로 감성을 개발할 수 있다. 명상은 자기 자신에 대한 반성을 하게 하고, 더불어 자기 개발을 하게도 만든다. 명상은 흐트러진 몸과 마음을 변화시키고, 자극을 통해 현실적으로 고통스러운 문제까지도 해결한다고 한다. 또한 자기 자신의 편협하고 독단적인 생각을 버리고, 상대방을 아끼며 배려할 수 있는 넓은 마음을 갖게 해 준다.

둘째, 독서를 통해 감성을 개발할 수 있다. 독서는 직접 경험할 수 없는 상황을 간접적으로 경험할 수 있게 해 주는 가장 좋은 수단이다. 책을 통해 다른 사람들의 삶의 모습과 생각을 접함으로써 타인의 입장에서 생각할 수 있는 역지사지의 능력을 갖출 수 있게 되는 것이다.

감성 개발법 ② 공동체적인 측면 ★👆

다음으로 공동체적인 측면에서 살펴본다.

첫째, 구성원들과의 대화를 통해 감성을 개발할 수 있다. 대화를 통해 구성원들의 개인적인 특성이나 성격, 주변 상황의 어려움을 파악할 수 있으며, 구성원들 또한 리더의 입장을 이해할 수 있게 된다. 이때 유머가 힘을 발휘함은 물론이다.

둘째, 구성원들과 함께할 수 있는 레크리에이션을 통해 감성을 개발할 수 있다. 감성 리더십의 핵심 중 하나는 리더와 구성원들 간의 관계를 강화시키는 일이다. 관계를 강화하기 위해 단체운동이나 취미 활동을 같이하거나 회식을 하는 것도 한 방법이다. 이와 같은 방법을 통해 보다 친밀하고 돈독한 관계가 맺어지게 되면 거리감도 좁아지고, 의사소통을 활발히 함으로써 조직의 단합을 이룰 수 있다.

결론적으로, 감성 리더십은 구성원들 상호 간에 일어나는 감정을 고려하고 이해함으로써 조직을 보다 활발하고 능동적으로 이끌 수 있는 리더십을 말한다. 세찬 비바람이 나그네의 옷을 벗기는 것이 아니라 따사로운 태양 볕이 자연스레 외투를 벗게 하는 것처럼, 리더가 중심이 되어 구성원들과의 눈높이를 맞추고 이해함으로써 개인 및 조직의 가치를 높일 수 있게 되는 것이다.

어느 기업 총수의 성공 비결

자수성가한 어느 기업 총수가 자신의 성공 비결에 대해 기자들에게 말했다.

"내 평소 지론은 월급이 얼마냐 하는 것은 그다지 중요하지 않다는 거예요. 일에 충실하면 돈에서 얻는 만족보다 더 큰 만족을 얻을 수 있으니까요."

"아, 사장님께서 그런 지론을 가지고 일을 하셨다는 겁니까?"

"아니지요. 내가 데리고 있는 직원들에게 그렇게 인식시켰다는 거지요."

책장이 부족한 이유

미국의 저명한 학자 마크 트웨인은 장서가 많은 데 비해 책장이 턱없이 부족했다. 이것을 본 친구가 물었다.

"이보게 친구, 왜 이렇게 책장이 부족한가?"

"책은 빌려 올 수 있지만, 책장까지야 어떻게……."

대화의 달인인 리더

직장인의 절반 이상이 회사 업무보다 대인관계로 더 스트레스를 받고 있는 것으로 나타났다. 취업 포털 사이트 커리어(www.career.co.kr)에 따르면 최근 직장인 1,473명을 상대로 '직무와 대인관계 중 어느 쪽이 더 큰 스트레스 요인인가?'를 물은 결과, 응답자의 59.3%가 '대인관계 스트레스가 더 크다.'고 답했다.

이 같은 대인관계 스트레스가 회사생활에 미친 영향(복수 응답)에 대해서는 '회사 생활에 흥미를 잃었다.'(58.4%), '사람에 대한 신뢰가 없어졌다.'(55.0%), '자신감을 잃었다.'(28.2%), '퇴사를 결정하게 됐다.'(27.5%), '업무 효율성이 떨어져 야근이 잦아졌다.'(17.0%), '대인 기피 증상이 생겼다.'(15.0%) 등으로 답했다.

우리는 한 인간으로 생존하기 위해서, 또는 정체감을 확립하기 위하여, 그리고 건전한 성격을 발달시키기 위해 상호작용을 할 수 있는 다른 사람들과의 관계가 필요하다. 다시 말해, 우리는 타인들과의 만족스럽고 효과적인 인간관계의 경험을 통해서 보다 풍부하고 보다 완성된 인간으로 성장할 수 있는 것이다.

그뿐만 아니라 다른 사람들과의 관계는 우리로 하여금 자아의식을 가진 인간으로 성장하게 하는 동시에 어떤 유형의 사람으로 발달할 수 있느냐에 대해서도 크게 영향을 미친다. 다만 대인관계가 만족스럽고 효과적일 때, 우리는 한 사람으로서 바람직하게 성장하고 발달한다.

이와는 반대로 대인관계가 불만스럽고 비효과적일 경우, 우리의 성장과 발달은 방해를 받을 수밖에 없는 것이다. 극단적인 예로, 출생 후 단 한 번도 다른 인간과 관계를 맺지 못한 채 깊은 산중에서 늑대들 틈에 끼어 자라났던 인도의 늑대 소년은 처음 발견되었을 때 인간이라기보다는 한낱 동물에 불과하지 않았는가.

효과적이고 생산적인 인간관계는 개인의 생존과 발달뿐만 아니라 결혼과 가정생활에도 매우 중요한 역할을 한다. 특히 산업사회의 발달에 다른 가치의 변화가 가정불화와 이혼율을 증가시키고 있는 오늘날은 생산적인 인간관계의 필요성이 어느 때보다도 절실히 요청되고 있다고 할 수 있다. 따라서 평소에 인간관계를 잘 맺으려는 노력을 기울이지 않으면 안 된다.

인간관계를 잘 맺고 관리하기 위해서 다음과 같은 습관들을 몸에 배게 하면 어떨까?

같은 특징으로 분류한다 *👆

일, 동창, 사회 친구, 스승, 원우, 교우 등 구분하여 명함이나 연락처를 정리한다. 일 관계로 만나는 사람은 거래처별로 관리를 하고, 개인적인 친분으로 만나는 사람은 지속적으로 친분을 유지하는 사람과 일회적으로 끝나는 사람을 구분하여 관리하면 효과적이다. 또한 자신과 같은 일을 하는 사람들을 별도 관리하는 것도 정보 공유에 도움이 될 것이다.

명함을 체계적으로 관리한다 *👆

하루 일과를 마치고 집에 돌아오면, 그날 받은 명함을 정리하면서 명함 주인에 대해 특징을 메모해 둔다. 명함에 사진이 들어 있으면 좋겠지만 그렇지 않을 경우 누가 누군지 기억할 수 없기 때문이다. 다음에 명함의 주인공을 다시 만났을 때 '아! 그때 멋진 밤색 넥타이를 매셨던 분이죠?'라는 식으로 인사를 하면, 대부분의 사람들은 자신을 기억하고 있다는 사실 때문에 무척 좋아한다.

안부 전화를 자주 한다 *👆

살다 보면 1년에 통화도 한 번 못하고 지나가는 지인들도 있다. 그럴 때일수록 메일로라도 안부를 묻거나 휴대폰 문자라도 해서 인간관계를 유지해 나가려는 노력이 필요하다. 무소식이 희소식이라는 말도 있긴 하지만, 그래도 안부를 물어 주거나 문자를 보내는 등으로 성의를 보이는 것이 중요하다.

'선생님! 오늘 세상에서 제일 멋진 분으로 당첨되셨습니다. 축하드립니다. 세상이 다 아는 사실인데 새삼 더 생각하게 되는군요. 그 행운으로 오늘도 걸음걸음 행복하세요.' 이런 문자를 받고서 반갑고 즐겁지 않은 사람은 없을 것이다.

편안한 분위기를 만들어 경계심을 누그러뜨린다 ☝

재치 있는 유머를 섞어 즐거운 분위기로 유도하고, 자신에 대한 이미지를 확실하게 인식시킨다.

상대방이 어려운 처지에 있을 때, 최선을 다해 돕는다 ☝

물질이 아니더라도 같이 고통을 나누고 이해하면서 진심으로 위로한다.

눈앞에 보이는 필요보다는 인간관계 자체를 중요시 여긴다 ★👆

당장 눈앞의 이익에 연연해하기보다는, 보다 긴 안목으로 인간관계를 유지하고, 사람을 사귈 때 이해관계를 미리 따지지 않는다.

상대방의 단점보다는 장점과 매력에 관심을 갖는다 ★👆

누구에게나 장점이 있다. 단점에 신경 쓰지 말고 장점만을 보려고 노력하면 단점은 눈에 들어오지 않는다.

인맥을 남용하지 않는다 ★👆

자신의 사소한 이익을 위해 인맥을 이용하지 않는다. 사람을 잃는 것은 한순간이다. 우연한 기회에 인맥이 자신에게 도움이 되어 줄 수도 있겠지만, 본인 스스로가 개인적인 이익을 위해 사람을 끌어들여 부담이나 피해를 줘서는 안 된다.

인간관계를 잘 맺는 효과적인 대화법 ★👆

사람간의 관계를 맺는 데는 '대화'가 차지하는 몫이 매우 크다. 아무리 이런저런 관리를 잘했어도 대화를 하는 중에 신뢰와 친근 감을 주지 못하고 상대방의 마음을 상하게 하면 그것으로 관계가 서먹해질 수 있기 때문이다. 훌륭한 대화는 다른 사람을 당신 곁으로 가까이 다가오게 하지만, 한마디의 말실수로 원수처럼 변하는 것도 한순간이다.

가장 효과적인 대화 방법은 상대방을 진심으로 존중하고 인정해 줌으로써 자신의 가치를 느끼게 해 주는 것이다. 가치 있는 존재라는 느낌과 중요한 존재라는 느낌은 인간이라면 누구나 갖고 싶어 한다. '가치 있고 중요한' 존재가 되고 싶은 것이 바로 우리 인간이 추구하는 본질이기 때문이다.

열린 마음으로 서로 신뢰하면서 힘을 합치는 것보다 더 즐거운 유대관계는 없다. 그것은 자신의 마음을 열고 힘을 합쳐서 서로에게 도움이 되도록 노력할 때 가능해진다. 당신의 열정과 자신감 그리고 힘을 다른 사람에게 보여 주면, 머지않아 당신과 즐거움을 함께 나누고 싶어 하는 사람들에게 둘러싸인 자신을 발견하게 될 것이다.

우선, 대화를 잘 이끌어 가기 위해서는 상대방을 똑바로 쳐다보면서 주의 깊게 귀를 기울이는 태도가 습관화되어야 한다. 이것은 너무 당연한 사실이어서 말로 표현하는 것조차 새삼스런 일이지만, 잘 알고 있으면서도 너무나 많은 사람들이 도외시하고 있어서 안타깝기 그지없다.

이 밖에도 대화를 원만하게 나누면서 사람들에게 좋은 느낌을 주는 데 필요한 사항이 몇 가지 있는데, 사소한 것 같지만 이런 점들이 대화의 분위기에 크게 영향을 미친다는 점을 유념했으면 하는 바람이다.

자신을 처음 소개할 때는
확실히 기억하도록 인상적으로 해라 *🖑

마주 보고 말하든 전화로 얘기하든, 먼저 자신의 이름부터 밝히는 것이 상대방에 대한 예의이다. 또한 이왕이면 자신을 잘 기억할 수 있도록 소개하는 것이 중요하다.

"만나서 반갑습니다. 저는 신뢰를 생명처럼 귀하게 여기는 김믿음입니다." 혹은 "안녕하세요? 언제나 밝게 웃는 회사의 마스코트 박미소입니다."라고.

처음 이야기를 시작할 때 '어? 이 사람 재미있네? 뭐 하는 사람일까?' 하고 호감을 갖게 하거나 이 사람이 무엇을 하는 사람인지 궁금증을 갖게 하는 것은 매우 중요하다. 밝은 이미지를 줄 수 있는 자신의 특징을 이름 앞에 붙여서 소개해 보면 어떨까?

상대방의 특징과 이름을 기억해라 ★👆

이것은 사회생활을 할 때 기억해야 할 가장 중요한 예의다. 누군가가 자신을 소개하면, 주의 깊게 듣고 그의 이름을 불러 주면서 인사를 나눈다.

"김철호 씨, 만나서 반갑습니다."

또한 이미 만난 적이 있던 사람을 다시 만나게 되었을 경우, 상대방을 기억하고 있다는 느낌을 주면서 인사를 하면 서로의 간격을 좁힐 수 있다.

"아! 그때 삼행시로 멋지게 소개하셨던 아무개 씨, 반갑습니다."

상대는 자신을 기억해 주는 사람에게 반가운 마음과 함께 호감을 나타낼 것이다.

대화를 나눌 때는 상대방의 눈을 마주 봐라 ★👆

말을 하거나 누군가의 얘기를 들을 때는 상대방의 눈을 마주 보아야 한다. 이것은 말을 하는 사람에 대한 예의이고 관심이다. 눈을 마주치고 말을 하면 말하는 내용에 확신이 생기고, 눈을 마주치고 말을 들으면 말하는 사람의 말에 가치를 부여하고 있음을 나타내 주기 때문이다.

상대의 얘기를 즐겁게 듣고 있다는 태도를 보여라 *👆

그러기 위해서는 자신의 말을 적게 하고, 상대방이 관심을 기울이는 것에 대해 질문하는 것이 바람직하다. 또한 상대방이 말을 하는데 휴대폰을 열어 무엇인가를 체크한다든지, 다른 곳에 시선이 가 있게 되면 말하는 사람이 불쾌하게 생각할 수도 있다.

대화를 할 때는 밝은 표정과 적극적인 자세를 가져라 *👆

대화를 할 땐 밝은 표정과 적극적인 자세를 가져야 할 뿐 아니라, 불평이나 비난의 말을 삼가야 한다. 부정적인 말을 듣고 기분 좋아하는 사람도 없지만, 말하는 사람에 대한 인상을 부정적으로 갖게 될 수도 있으므로 주의해야 한다. 상대방에게 믿음을 주는 태도를 보여야만, 상대방은 얘기하면서 편안한 기분을 느낄 것이다. 대화를 할 때 간결하고 정확한 손동작을 섞어 보는 것은 어떨까? 적당히 사용하면 매우 효과적이다.

상대방이 스스로를 중요하다고 느끼도록 하라 *👆

상대방으로 하여금 자신이 중요한 사람이라는 느낌을 갖도록 해야 한다. 이것은 모든 관심을 상대방에게 기울이기만 하면 되는 일이다. 지금 이 순간에는 상대방의 일과 고민, 문제점이 가장 중요한 일이라는 태도를 보여야 한다. 또한 예전부터 알고 있었던 상대방의 사정에도 관심을 보이는 것이 바람직하다. 그렇게 한다면 당신은 기억력 좋고, 따스하고, 믿음직스런 대화의 상대로서 존경받게 될 것이다.

상대방의 말을 충분히 이해했다는 확신을 줘라 ★👆

상대방이 한 말을 듣는 사람의 언어로 반복하면서 확실히 이해하는 것이 좋다. 그리고 확실히 이해했는지의 여부를 상대방에게 확인하면 상대방은 이해받은 사실을 고마워할 것이고, 듣는 사람의 이해하려는 노력과 배려에 감동할 것이다.

다른 사람의 입장을 먼저 생각해라 ★👆

사람들이 무엇을 원하는지 그리고 자신과 무엇이 다른지를 파악하고, 상대방의 입장에서 받아들이려는 태도가 필요하다. 그러기 위해서는 우선적으로 다른 사람의 입장에서 바라보고, 다른 사람의 입장에서 생각해야 한다.

특히 학생들을 가르치는 교사들의 경우, 학생들에게 엄격한 분위기에서 오로지 학습만을 행한다면 절대로 즐거운 수업이 될 수 없다. 우선 교사는 '열린 마음'을 갖고 학생들과 즐거운 대화를 나누며 긴밀한 인간관계를 맺어야 한다.

교사가 유머 한마디를 친근하게 던져 일단 웃는 분위기에서 수업을 시작한다면, 학생 전체가 훨씬 가벼운 마음으로 수업에 임할 수 있을 것이다. "평범한 교사는 말을 한다. 좋은 교사는 설명을 한다. 뛰어난 교사는 시범을 보인다. 훌륭한 교사는 영감을 준다."는 윌리엄 아더워드의 말은 깊이 새길 만하다.

창의적인 리더

창의성이란 '남과 다른 생각과 남과 다른 행동'을 나타내는 능력이다. 이러한 창의성을 자극시키는 데는 유머 감각이 절대적으로 필요하다.

온라인 채용정보 사이트 회원 3,729명을 대상으로 '직장에서 인정받기 위해 가장 중요하다고 생각하는 능력은 무엇인가?'란 질문에 33.0%인 1,232명이 '창의적 사고와 적극적인 자세'를 꼽았다. 이어 '원만한 인간관계'가 23.9%(890명), '근면 성실성'이 22.3%(418명) 순이었다. 이에 반해 '업무 관련 지식'이 13.3%(495명), '의사소통 능력'이 6.4%(240명), 탁월한 문서 작성 능력이 1.1%(42명) 등으로 나타났다.

그래서인지 조직에서 퇴출당하지 않고 생존하려면 '생조개구이(生早改求異)'를 잘해야 한다는 말이 회자되고 있는데, 정글 같은 조직에서 살아남으려면(生) 빨리(早) 바꾸고(改) 새로운 것(異)을 구해야(求) 한다는 이야기다. 기업에서는 '지금 당장 북극에 가서 냉장고를 팔아라!'는 요구에 부응할 수 있을 만큼 창의적인 두뇌를 가진 크레비즈맨(Crebizman)을 목마르게 기다리고 있다는 반증이 아닐까 싶다.

그런가 하면 호감 가는 남성의 조건으로 유머 감각을 꼽는 여성들이 매우 많아졌는데, 이는 창의적인 사고를 할 줄 아는 남성을 찾는다는 것과 같은 뜻으로 해석할 수 있다. 왜냐하면 유머와 창의력은 같은 뿌리를 갖고 있기 때문이다.

현명한 여성들이 유머 감각이 풍부한 사람을 선호하는 이유가 단지 재미있는 것만을 좋아하기 때문만은 아닐 것이다. 유머 감각이 풍부한 사람들의 특징인 유연한 사고와 적극적인 삶의 태도가 은연중에 능력이라고 느껴져서 호감을 갖게 되고 가까이하고 싶은 마음이 생기는 것이 아니겠는가.

많은 심리학자들의 연구에 따르면 창조적인 능력과 유머 사이에는 매우 밀접한 관련이 있다고 하는데, 그것은 창의력과 유머의 속성을 생각해 봐도 알 수 있다. 우리가 유머를 느끼는 것은 일반적으로 기대하는 대답과는 다른 의외의 대답을 들었을 때다. 사람들은 일상적인 사고의 흐름에서 벗어났을 때 웃음을 터뜨리지 않는가.

유치원생의 기상천외한 가족 자랑

한 유치원에서 아이들이 서로 가족 자랑을 하고 있었다.
민호가 말했다.

"우리 형은 물속에서 30초나 있을 수 있어."

찬식이도 말했다.

"우리 엄마는 100초나 있을 수 있다."

수영이가 자신 있게 말했다.

"야! 뭘 그리 대수냐? 우리 삼촌은 작년에 물에 들어가서 아직도 안 나왔다."

아이다운 발상이다. 유머는 남들도 똑같이 생각하는 답을 하면 별로 웃기지 않는다. 예측을 깨는 대답이 나왔을 때, 사람들은 웃음을 터뜨린다.

웃을 준비가 되어 있지 않거나 매사에 따지기 좋아하는 사람, 또는 '내가 누군데······.'라고 무게 잡는 사람은 어떠한 유머를 해도 잘 웃지 않는다. 물론 웃음을 강요할 순 없다. 하지만 스트레스가 만병의 근원이고, 의심을 하거나 작은 일에도 집착하고 밤새 고민하는 사람이 암 발병률이 더 많다는 것을 생각하면 이젠 내려놓을 것은 내려놓고 여유를 가지고 살 필요가 있지 않을까 싶다.

유머는 답이 정해져 있는 것이 아니므로 두려워할 일이 전혀 없다. 틀을 깨는 것이 유머니까······. 일상생활에서 자주 접할 수 있는 일들 중에서 이런 유머가 나올 수 있다.

하인이 넷인 이유

독일의 낭만주의 시인 호프만은 어느 날 돈 많은 상인의 집에 초대받았다. 식사를 한 후 주인은 여러 가지 보물을 보여 주고는, 하인들이 많다는 자랑까지 늘어놓았다.

"한 사람에 세 명의 하인이 딸려 있습니다."

호프만은 이 잘난 체하는 주인에게 구역질이 났다.

"그건 너무 적군요. 나에게는 내가 목욕을 할 때 시중드는 하인만도 네 명이나 된답니다. 한 사람은 목욕이 끝냈을 때 타월을 준비하고, 둘째 하인은 물의 온도를 조사합니다. 셋째 하인은 수도꼭지가 상하지 않았는가를 조사합니다."

"그러면 넷째 하인은 무엇을 합니까?"

호프만은 빙그레 웃으면서 대답했다.

"네 번째 하인 말입니까? 그 넷째 하인이 나 대신에 목욕탕에 들어갑니다."

창조적인 아이디어를 얻는 법 ★👆

창조적인 아이디어는 일반적인 사고의 길을 걸어가다가 한 번쯤 다른 길을 가 볼 때, 그때 얻어진다.

사람들의 사고에는 어떤 흐름이 있는데, 일반적으로 예상되는 사고의 흐름은 고정관념이 되고 사람들의 인식의 틀을 형성한다. 창의적인 아이디어는 고정관념과 인식의 틀 안에서는 절대로 기대할 수 없다. 먼저 인식의 틀을 뛰어넘고 고정관념에서 벗어나야 하는데, 그러기 위해서는 의식적으로 일반적인 사고의 흐름에서 벗어나는 것이 필요하다.

물론 사고의 흐름을 벗어났다고 모두 창의적인 결과를 가져오는 것은 아니다. 흐름을 벗어난 것이 의미를 갖기 위해서는 기존의 사고 체계에서 인정을 받아야 한다. 그러기 위해서는 세상 돌아가는 일에 관심을 갖고 그것을 남과 다른 시선으로 바라봐야 한다.

최근 들어 전혀 상상하지 못했던 마케팅 방식으로 관심을 유발시키는 기업들이 늘어나고 있다. 제품의 특성을 유머 기법으로 강조하는가 하면, 소비층의 유머 마인드를 충분히 자극할 만한 제품명들로 눈길을 사로잡는다.

또한 전혀 어울리지 않는 것들의 결합으로 만들어진 기발한 광고가 사람들을 박장대소하게 만드는데, 제품명은 기억나지 않아도 광고에서 느꼈던 재미만은 오래도록 사라지지 않는 효과가 있는 것만은 분명하다.

라디오 생방송 중 잠든 이유

유명한 사회자 래리 킹이 젊었을 때의 일이다. 새해 첫날 라디오 진행을 맡고 있던 래리 킹은 마이크 앞에 앉아 있다가 그만 잠이 들고 말았다. 멘트 대신 코 고는 소리가 전국에 생방송되었다. 그런데 방송국 벽이 유리로 되어 있어서, 그가 쓰러져 있는 것이 사람들 눈에 띄었다. 무슨 사고가 일어난 줄 알고 구조대가 몰려왔다.

얼마 후, 래리 킹은 사장실로 불려가 해고 통보를 받았다. 하지만 사장은 그에게 마지막 기회를 주고 싶었다.

"나는 자네의 재능을 높이 사고 싶네. 내가 자네를 해고해서는 안 되는 이유를 한 가지만 말해 볼 수 있겠나?"

"제가 어제 왜 그랬는지 아십니까?"

"아니, 모르겠네."

"마이애미 소방대와 구조대가 긴급 사태에 얼마나 빨리 출동하는지 시험해 본 겁니다."

사장은 이 말을 듣고 기분 좋게 웃더니 해고를 취소했다.

Chapter 2

유머는
리더를 변화시키는 열쇠다

유머는 리더를 변화시키는 열쇠다

링컨이 하원의원 선거에 입후보했을 때의 일화이다. 그의 상대였던 피터 카트라이트는 감리교회의 유명한 부흥 강사였다. 이곳저곳의 교회에 초청을 받아 설교를 하는 사람인 만큼 연설에 관한 한 놀라울 정도로 말을 잘하는 사람이었다. 그런데 선거 운동 막바지 어느 날, 링컨은 우연한 기회에 카트라이트가 설교를 하는 어느 집회에 참석하게 되었다.

카트라이트는 명쾌하면서도 대단한 화술로 열변을 토하며 청중을 사로잡고 있었다. 그런데 설교를 하던 도중 그가 난데없이 "새로운 삶을 영위하고 충성으로 하나님을 사랑하며 천국에 가기를 소망하시는 분은 모두 자리에서 일어나십시오."라고 부르짖는 것이었다.

그의 말에 곧바로 자리에서 일어선 사람은 얼마 되지 않았다. 워낙 갑작스런 말이었기 때문에 신자들이 그의 말을 제대로 알아듣지 못했다. 그러자 카트라이트는 주먹으로 연단을 치며 소리를 질렀다.

"천국에 가기를 원하는 사람이 겨우 이것밖에 안 된단 말입니까? 그렇다면 이번에는 지옥에 가기 싫은 분들 모두 일어나 보십시오."

이 말이 떨어지기가 무섭게 모두들 벌떡 일어섰다. 그런데 오직 한 사람만이 자리에서 일어나지 않고 있었다. 바로 링컨이었다. 카트라이트는 링컨을 향해 삿대질을 하며 소리쳤다.

"이보시오, 링컨! 실례되는 말입니다만 당신은 어디로 가실 생각입니까?"

그러자 링컨은 태연스럽게 대답했다.

"나는 하원으로 가렵니다."

순간 장내에는 떠나갈 듯이 폭소가 터졌다. 당연히 링컨은 그의 대답처럼 하원으로 갔다.

이렇듯 순발력 있는 유머는 위태한 상황에서도 재치 있게 벗어날 수 있게 해 준다. 또한 절망에서 희망으로, 비관적인 마음을 긍정적인 마음으로 전환시킬 수 있는 것이 바로 유머의 힘이다.

하느님의 뜻

비가 많이 와서 온 마을이 모두 물에 잠겼다. 독실한 기독교인인 한 남자가 자기 집 지붕 위에 올라가서 기도를 했다. 그때 한 남자가 보트를 타고 와서 말했다.

"빨리 타세요!"

그러자 그는 하느님이 도와주실 거라면서 거절했다.

그리고 얼마 후, 또 한 사람이 보트를 타고 와서 소리쳤다.

"어서 타세요! 위험해요."

이번에도 그는 하느님이 도와주실 거라며 거절했다.

그러다가 그는 지붕 끝까지 물이 차서 허우적거리다가 죽고 말았다. 하늘에 올라간 그가 하느님께 따졌다.

"왜 저를 구해 주시지 않으셨습니까?"

그의 물음에 하느님이 이렇게 답하셨다.

"내가 두 번이나 사람을 보내지 않았느냐."

위기를 기회로 삼는 리더 *👆

눈앞에 닥친 위기의 순간에 희망을 갖는다는 것은 쉬운 일이 아니다. 하지만 상황은 내가 어떤 마음을 갖느냐에 따라 얼마든지 달라질 수 있다. 위기를 기회로 삼아 성공을 거둔 사람이 있는가 하면, 위기를 이겨 내지 못하고 영원히 주저앉는 사람도 수없이 보아 왔다. 사람들이 그 많은 고통 속에서도 버텨 나갈 수 있는 것은 바로 희망이 있기 때문이다.

2012년 강남스타일을 필두로 한류, K-Culture의 세계화가 본격적으로 시작되어 덩달아 K-Beauty(K-뷰티) 산업도 점진적 상향세를 타고 있던 중 2015년부터 본격적인 K-Beauty 산업 열풍이 불기 시작했다. 화장품 산업의 국내 생산액이 큰 폭으로 상승하고, 유커라 불리는 중국인 단체 관광객이 소비의 주를 이루었다.

그러나 2017년 K-Beauty의 최대 고객이었던 중국의 사드 보복 한한령으로 중국인 한국 관광 제한, 한국 대중문화 금지 조치를 내리며 화장품 업계가 크게 주춤했다. 하지만 저자 최철호는 이쯤 장래 희망인 화장품 관련 회사의 설립을 생각하고 있었다. 2018년도 상반기에는 한한령의 공식 해제는 아니었으나, 중국인 관광객이 전년 대비 증가하는 추세를 보이고 있었고, 더 이상 주저하면 안 되는 타이밍이라는 것을 본능적으로 직감한 저자는 DY코스메틱 설립 계획을 공식화하고 실행에 들어갔다.

본격적인 움직임이 시작되자, 주변 사람들은 저마다 한마디씩 했다. 혹자들은 세계 환경의 변화에 따른 화장품 산업의 불확실성을 언급하며 회의적인 태도를 보였고, 또 몇몇은 이미 안정적으로 자리 잡은 동양전자공업㈜이 있는데 굳이 화장품 산업에 뛰어드느냐며 만류했다.

하지만 저자는 이 불확실성이란 안개 뒤 화장품 산업의 어마어마한 성장 가능성이 보였고, 내면의 도전정신이 자꾸만 꿈틀댔다. 누군가는 뒤에서 망할 거라고 떠들어 댔지만, 결국 저자는 모든 소리를 뒤로한 채 자신의 직감이 이끄는 대로 2018년 12월 ㈜DY코스메틱을 설립했다.

외모지상주의라는 악명 높은 수식어가 따라다니는 대한민국답

게 우리나라 사람들은 외모 관리를 부지런히 한다. '외모'란 단어의 뜻에 걸맞게 눈·코·입 외에도 피부, 패션과 같은 외적 모양새를 가꾸는 데 열심이다. ㈜DY코스메틱은 마스크팩 제조를 주로 한다.

설립 계획 당시 기초 스킨케어 시장의 가능성을 엿보았고, 소비자의 동향을 살폈다. 이쯤, 몇 가지로만 국한되어 있었던 가정용 뷰티 디바이스의 새로운 주자가 나오면서 미용 기기 시장이 확장되기 시작했다. 피부과든 에스테틱이든, 피부에 관련된 시술이나 관리 뒤에는 고무팩이든 시트팩이든 팩으로 마무리를 한다.

저자는 뿌옇게 낀 안개 뒤, 만년설로 뒤덮인 산을 내다본 듯했다. 바야흐로 홈뷰티의 시대가 도래한 것이다. DY코스메틱은 아직도 오를 산이 무궁무진하다. 다년간 초석을 다져 왔다면 이제는 세계 시장에 본격적으로 발 벗고 뛰어들 차례이다.

포용력은 유머가 만들고 사람을 감동시킨다

독일군의 포격으로 궁이 무너지자 엘리자베스 여왕이 이렇게 말했다고 한다.

"국민 여러분! 안심하십시오. 독일의 포격 덕분에 그동안 왕실과 국민 사이를 가로막고 있던 벽이 사라져 버렸습니다. 이제 여러분의 얼굴을 더 잘 볼 수 있게 되어 다행입니다."

불안한 상황 속에서 저마다 긴장하다 보니 점차 웃음을 잃어 간다. 그러나 이런 때일수록 포기하거나 주저앉지 말고 자신에게 있는 좋은 부분을 바라보려는 마음가짐이 필요하다.

눈앞에 닥친 위기의 순간에 절망에 빠지지 않는 것은 결코 쉬운 일이 아니다. 하지만 어떤 마음으로 받아들이느냐에 따라 상황은 얼마든지 달라질 수 있다. 위기를 기회로 삼아 더 큰 성공에 도달하는 사람이 있는가 하면, 위기를 이겨 내지 못하고 영원히 낙오되는 사람을 주변에서 수도 없이 보지 않았는가.

그가 휘파람을 불지 않는 이유

루즈벨트 대통령이 기자회견을 시작하자 한 기자가 질문을 던졌다.

"걱정스럽거나 초조할 때는 어떻게 마음을 가라앉히십니까?"

그러자 루즈벨트 대통령이 미소를 지으며 대답했다.

"초조하고 걱정스러울 때는 휘파람을 불지요."

그 대답에 의외라는 표정을 지으며 기자가 다시 물었다.

"대통령께서 휘파람 부는 걸 봤다는 사람은 없는 걸로 아는데요?"

그러자 루즈벨트 대통령은 자신 있게 대답했다.

"당연하지요. 초조하고 걱정스러웠던 적이 아직은 없었으니까요."

웃어야 하는 이유 ★👆

도산 안창호 선생은 암울했던 식민지 시절 자신의 거처에 '빙그레, 방그레'라는 푯말을 만들어 미소 운동을 펼치셨다고 한다. 아이의 방그레한 모습, 젊은이의 빙그레한 모습, 그리고 노인들의 벙그레한 웃음이야말로 최고의 웃음이라고 하였다.

우리가 다시 지금부터라도 빙그레, 방그레, 벙그레 웃음 운동을 벌여야 하지 않을까? 사업이 어려움을 겪고 있는가? 인간관계가 어려운가? 가정에 문제가 있는가? 그렇다면 웃어라. 힘들고 어려울 때일수록 긍정적인 마음을 가져야 희망이 생겨나고, 희망 안에서 상황이 좋아진다는 것을 기억하라.

유머는 이처럼 상황을 새롭게 보고 태도를 바꾸도록 하는 데 큰 힘을 발휘한다. 미국 유머협회 회장인 앨런 클라인은 유머는 태도를 바꿔 주는 기술이라고 언급했는데, 유머가 태도를 바꿔 줄 수 있는 이유는 웃음을 만들어 내기 때문이다.

미국의 저명한 작가이자 전문 연설가인 밥 로스(Bob Ross)는 유머를 위기 상황에 대처하는 '제3의 대안'이라고 말했다. 첫 번째 대안인 '맞서 싸우는 것'도 아니고, 두 번째 대안인 '도망치는 것'도 아닌, 가장 현명한 방법이라는 것이다.

류마티스 관절염의 세계적인 권위자인 펜실베이니아 의대 교수인 밴 프리트 박사는 공교롭게도 그가 류마티스로 심한 고통을 받고 입원하게 되었는데, 어찌나 통증이 심한지 차라리 죽어 버리는 것이 좋겠다는 생각까지 했다.

그러던 어느 날 TV 코미디 프로를 폭소를 터뜨리며 끝까지 보았는데, 그동안에 통증을 전혀 느끼지 않았다는 사실을 깨닫게 되었다. 그 후부터 그는 웃음의 생활화를 주장하며 120세까지 건강하게 살았다.

암도 이기는 유머의 힘 ★👆

강의를 하는 중에 79세 할아버지가 함박웃음을 짓고 계시는 모습이 보여 다가가서 여쭈었다.

"어르신, 참 건강해 보이시네요."

"그럼 난 건강하고말고. 말기 대장암을 제외하곤 다 좋아. 난 정말 행복해요. 찢어지게 가난한 집에 태어나 어렵게 공부했지만 좋은 곳에 취직도 했었고, 예쁜 마누라와 결혼하여 얻은 다섯 자식을 잘 키워 열 명의 손자 손녀들 재롱까지 보고 살고 있으니 얼마나 성공한 인생이야?"

암의 고통 속에서도 행복을 느끼고, 감사하는 마음으로 삶을 받아들일 수 있는 여유……. 이것이야말로 바로 긍정적 사고에서 비롯된 것이 아니겠는가. 또한 그러한 사고는 유머를 낳고, 유머는 힘들고 어려운 가운데서도 견딜 수 있는 힘과 여유를 가져다준다는 사실을 할아버지로부터 다시 한 번 확인할 수 있었다.

한 연구에 따르면, 암에 걸린 사람들이 긍정적인 마음을 얼마나 갖느냐에 따라 치료율도 달라진다고 한다. 암을 고칠 수 없는 '고질병'으로 생각하는 사람들의 암 치료율은 38%에 지나지 않지만, 단어에 점 하나를 붙여 '고칠 병'으로 생각하면 70%까지 치료율이 올라간다는 것이다. 암을 죽음과 연결하느냐 삶으로 해석하느냐에 따라 결과가 확연히 달라진다는 얘기이다.

유머는 사람을 감동시킨다 *👆

김수환 추기경은 우리 모두의 가슴에 정신적인 지주로 남아 있는 큰 어른이다. 그의 삶의 족적과 인간적인 면모는 익히 잘 알고 있지만, 촌철살인의 유머 감각으로 사람들을 감복시키는 일화를 통해서도 그분의 긍정적인 사고방식과 따뜻한 성품이 떠올라 절로 웃음이 지어진다.

어느 수도회의 서품식이 있는 날이었다. 엄숙한 서품예절이 끝나고, 그날도 역시 영성체 후에 추기경님께서 갓 서품을 받은 새 신부들에게 부모님들을 모시고 제대 위로 올라오라고 하셨다.

새 신부들이 조심스럽게 부모들을 모시고 제대 위로 올라왔다. 수없이 많은 시선이 집중되고 있었기에 부모들 역시 긴장한 빛이 역력했다. 서품식이 있을 때마다 늘 있는 풍경이다.

추기경님은 신자들에게 아들을 교회에 봉헌한 부모님들에게 박수를 쳐 달라고 부탁하시며, 신자들에게 "여러분들, 부러우시지요?" 하고 말씀하신다. 그러면 신자들은 우렁차게 "네."라고 대답을 한다.

추기경님은 "그렇게 부러우시면 여러분들도 봉헌하세요." 하고 답하시면서, 신부님들의 가족사항을 간단히 소개하신다. 이때가 추기경님의 숨겨진 카리스마가 나타나는 순간이다. 신자들의 입가에서 미소가 떠나지 않고, '나도 저 자리에 섰으면…….' 하는 부러움이 느껴지게 만드는 시간이기 때문이다.

보통의 날에도 그토록 즐거웠는데, 이날은 하나의 보너스가 있었다. 누구의 실수였는지는 모르지만, 한 신부님의 가족사항이 잘못 기재되어 있었기 때문이다.

추기경님께서는 수도회 측에서 준비한 내용대로 "이 신부님은 어릴 적에 아버님이 돌아가시고 홀어머니 밑에서……."라고 소개를 하시다가 제대 아래쪽을 보니, 아버지로 추정되는 남성이 새 신부의 어머니와 같이 서 있는 것이었다.

이상한 생각이 드셨는지, 추기경님께서 "새 신부님의 삼촌이세요?" 하고 물으셨다. 그러자 제단 아래 서 있던 남성이 "아버지입니다." 하고 대답을 하는 것이었다.

강론대에서 마이크로 대중들에게 아버지가 돌아가셨다고 했는데, 아버지가 떡하니 서 있으니 난감한 상황이었다. 신자석에서도 제대에서도 긴장감이 느껴졌다. 추기경님께서 어떻게 말씀하실 것인지 안타까운 마음으로 신자들이 주목하고 있었다.

그때 추기경님이 "아버지께서 돌아가셨는데, 서품식이 너무 기뻐서 부활하여 오셨습니다."라고 말씀하셔서 모두가 박수를 치며 기쁘게 웃을 수 있었다(최성우 신부 글 인용).

세상엔 60억이 넘는 사람들이 있다. 어떤 이들은 재물이나 권력을 많이 움켜쥔 상위 1%가 이 세상을 움직인다고 말하지만 그것은 단편적인 생각일 뿐이다. 세상을 건강하게 이끌어가는 이들은 긍정적인 사고를 가진 사람들이고, 그들이 세상을 서서히 변화시키고 있는 것이다.

시선의 차이

두 친구가 깊은 산속을 여행하고 있었다. 한참을 걷는 중에 독수리가 다람쥐 한 마리를 번개처럼 낚아채는 것을 보았다. 그것을 보고 한 친구가 혀를 차며 안타깝다는 듯이 말했다.

"쯧쯧. 오늘 저 다람쥐 초상 날이구먼."

그러자 다른 친구가 웃으면서 이렇게 대답했다.

"하하! 다람쥐의 초상 날이 아니고, 독수리의 잔칫날이구먼."

기계가 두 대 필요한 이유

판매원이 손님에게 기계의 성능에 대해 설명을 했다.

"이 기계는 당신의 일을 반으로 줄여 줄 것입니다."

그러자 손님이 반색을 하며 말했다.

"정말요? 반으로 줄여 준다고요? 그럼 두 대를 삽시다."

직원을 대할 때는 카리스마가 아닌 따뜻한 마음으로

우리나라 사람들은 삼세번을 참 좋아한다. '가위바위보'를 해도 삼세번으로 승부를 가리고 뭘 먹어도 삼세번을 강조한다. '3'이란 숫자가 완벽의 의미를 품고 있어서이기도 하지만 한국인들이 세 번을 중시하는 것은 단 한 번으로 결정을 내리기보다 만회할 여유를 주는 긍정적 이유도 있을 것이다.

이런 긍정적 의미를 살려, 인생에 있어 중요한 세 가지가 무엇인지 살펴보도록 한다. 그것은 '성품 · 말 · 행동'이다. 부연 설명하는 것이 무색할 정도로 성품 · 말 · 행동에 의해 우리 삶의 모습이 달라지는데, 이 세 가지는 서로 긴밀하게 연관되어 있다. 자신의 마음을 잘 다스리면 좋은 성품을 갖게 되고, 좋은 성품을 갖고 있으면 말 또한 온유해지며, 행동 또한 반듯하고 정중해지는 것이다.

이 세 가지 중 '말'로 인해 화를 자초하는 경우가 특히 많으니, 각별히 주의해야 한다.

주자의 『근사록』에 삼 뿌리(혀 · 주먹 · 남근), 특히 '말을 삼가며

덕을 쌓고, 음식을 절제하는 것으로 몸을 기른다. 이것과 가장 가까우면서 가장 영향력이 큰 것으로 말과 음식을 능가하는 것이 없다.'라는 말이 있다.

그런가 하면 '세 치 혀(입) 밑에 도끼가 놓여 있다.'라는 속담도 있는데, 이는 어떤 말을 하느냐에 따라 상황을 좋게 만들기도 하지만 반대로 위험한 상황에 빠뜨릴 수도 있으므로 말을 할 때는 그만큼 신중을 기해야 한다는 것을 경고하는 말이다.

세 치 혀로 어떤 사람은 출세도 하고 나라의 위상을 높이기도 하지만 어떤 사람은 망신도 당하고 나라의 체면을 구기는 일이 허다한 것을 보면, 말이라는 것이 우리 삶에 미치는 영향이 얼마나 큰지는 새삼 거론할 필요가 없을 것 같다.

또, 중국 고사에 보면 제나라 재상 안영(晏嬰, ? ~ 기원전 500년)이 초나라에 사신으로 가서 지혜로운 말로 제나라의 위상을 높인 이야기가 전해 내려오고 있다.

지혜로운 대처법

제나라 재상 안영은 지혜와 학식은 뛰어났으나 체구가 작고 얼굴이 못생겨 볼품이 없었다. 그런 그가 사신으로 초나라에 갔는데, 초나라 왕은 안영을 기죽이려고 성문 옆에 작은 개구멍으로 들어오도록 했다. 초나라 신하들이 그를 작은 개구멍으로 안내하면서 말했다.

"자, 이리로 들어가시지요. 우리나라 사람들은 모두 이 작은 개구멍으로 다닙니다."

"쯧쯧, 이럴 수가! 우리 제나라 왕께서 사람이 사는 나라에 사신을 보낸 줄 알았는데 알고 보니 개들만 사는 나라에 보낸 것 같습니다. 허허허. 모두 다 개구멍으로 다닌다고 하니 개들이 아니고 무엇입니까?"

신하들은 결국 안영을 성문 안으로 안내할 수밖에 없었다. 안영을 접견한 초나라 왕은 톡톡히 당한 복수를 하려고 잔꾀를 부렸다.

"당신네 나라엔 그렇게 사람이 없소? 이렇게 초라하고 볼품없는 사람을 사신으로 보내다니, 쯧쯧."

안영은 태연스럽게 말을 하기 시작했다.

"우리 제나라에서는 사신을 보낼 때 훌륭한 임금에게는 훌륭한 사신을 보내고, 못난 임금에게는 저같이 보잘것없는 사람을 보냅니다. 그래서 제가 많은 훌륭한 인재들 대신 초나라 사신으로 온 것입니다."

안영의 지혜로운 말에 초나라 임금은 할 말을 잊었다고 한다.

세 치 혀, 죽음을 부르다 ★👆

영화 〈올드보이〉의 주인공은 이유도 모른 채 15년 동안 독방에

갇혀 있었는데, 나중에 가서야 그 원인이 세 치 혀 때문이라는 것을 알게 되었다.

그가 고등학생 때 했던 한마디 말이 결국 어떤 사람을 죽음에 이르도록 한 것이다. 그 잘못을 알게 된 주인공은 스스로 혀를 자르며 속죄하려 했지만, 이미 돌이킬 수 없는 지경에 이른 후였다.

공산주의 지도자와 하느님의 일꾼을 가른 것은 *👆

유럽의 한 작은 마을에 있는 성당에서, 주일 미사 집전을 돕던 한 소년이 실수를 하여 제단에서 성찬으로 사용할 포도주 그릇을 떨어뜨렸다.

신부는 즉시 소년의 **뺨**을 때리며 소리를 질렀다.

"어서 물러가고, 다시는 제단 앞에 오지 마!"

이 소년은 장성하여 공산주의의 대지도자, 유고슬라비아의 티토 대통령이 되었다.

다른 큰 도시의 성당에서 미사 집전을 돕던 한 소년이 역시 성찬용 포도주 그릇을 떨어뜨렸다. 신부는 이해와 사랑의 눈으로 그를 바라보며 조용히 속삭여 주었다.

"괜찮다. 일부러 그런 것이 아니잖니? 나도 어릴 때 실수가 많았단다. 너도 신부가 되겠구나."

이 소년은 자라나서 유명한 대주교, 훌톤 쉰이 되었다.

티토 소년은 그에게 화를 내며 **뺨**을 때린 신부의 말대로 제단 앞에서 물러난 후 하느님을 비웃는 공산주의의 지도자가 되었고, 쉰 소년은 이해와 사랑으로 감싸 준 신부의 말대로 귀한 하느님의 일꾼이 된 것이다.

행동과 성품, 삶 자체를 바꿀 유머 ★👆

내 입에서는 어떤 말들이 흘러나오고 있을까?

그것은 축복과 믿음의 긍정적인 말들일까, 아니면 의심과 저주를 담은 부정적인 말들일까?

세 치 혀가 아닌 마음으로 사람을 대하라는 선인들의 가르침이 새삼 떠오른다.

만남과 헤어짐을 반복하는 관계 속에서 무심코 한 말로 인해 얼마나 많은 사람들이 상처를 받고 있을까. 또한 인신공격을 당하기도 하고, 장점이든 단점이든 성격으로 인해 핀잔을 듣는 경우도 적지 않다. 그러나 이때 흥분하여 거친 말로 응대한다면 상대 또한 자신의 잘못은 잊어버리고 거친 말에 격분하여 또 다른 화를 불러들이게 된다.

이럴 경우, 상대에게 할 말이 있다면 일단 화를 가라앉힌 다음 말을 꺼내야 자신의 생각을 제대로 전달할 수 있다. 상대와 지속적으로 관계를 이어가야 한다면 거친 말은 더더욱 삼가야 한다. 화가 나면 자제력을 잃어버리기 때문에 이성적으로 생각하는 것이 쉽지 않아, 나중에 후회하게 될 말들을 거침없이 쏟아내기 십상이다. 그럴수록 여유롭고 대범하게 대처해야 하는데 말이다.

그렇다면 어떻게 하면 쉽게 흥분하지 않으면서 여유롭고 대범하게 대처할 수 있을까? 소설가 마크 트웨인은 험한 말을 잘하기로 유명한데, 그는 누군가가 자신을 화나게 하면 그때마다 편지를 썼다고 한다. 자신이 하고 싶은 험한 말을 글로 대신한 것이다.

하지만 그 편지는 부치지 못했다. 독설로 가득한 그 편지를 그의 아내가 쓰는 대로 다 없애버렸기 때문이다. 마크 트웨인은 그 뒤로 그 편지를 찾는 일이 없었다고 한다. 그의 노여움이 편지를 쓰는 동안 전부 풀렸기 때문이다.

그러나 모든 사람이 마크 트웨인처럼 할 수는 없는 노릇이므로, 자신만의 방법을 찾아보면 어떨까. 눈을 감고 마음속으로 숫자를 세거나 사랑하는 사람들을 떠올려 보는 것도 한 방법이 아닐까 싶다. 또는 마음이 가라앉을 때까지 침묵을 지키거나, 마음속으로 기도를 하는 것도 괜찮은 방법이라고 생각된다.

그렇게 해서 일단 마음이 가라앉으면 자신의 생각을 상대에게 차근차근 이야기하여 전달하되, 직설적인 말보다는 우회적인 표현으로 하는 것이 좋을 듯싶다. 이때 분위기를 바꿀 수 있는 유머를 섞어 재치 있는 말로 응수하면 오히려 상황을 반전시켜 더 좋은 관계로 발전시킬 수도 있다.

절대 어려운 일이 아니다. 말이 씨가 된다는 옛말이 있듯 긍정의 말이 씨가 되어 행동을 변화시키고 결국 성품에 영향을 주고, 나아가서는 삶 자체를 바꿀 수 있다.

우리는 각자 자신의 삶을 디자인해 나가는 인생 디자이너다. 디자이너로서 다스려야 할 세 가지를 염두에 두고, 거기다 긍정의 요소를 꼭 더해야 한다. 그렇게 된다면 삶을 다스리는 일이 조심스럽거나 두려운 것이 아니라 신나는 일이 될 것이 분명하다.

긍정적인 생각을 하며 긍정적인 말을 하는 사람에게는 성공적인 삶이 보장되어 있다고 해도 과언이 아니다.

"상대방에게 진정으로 흥미를 가지려고 노력하라. 그러면 당신이 2년 동안 역전 고투한 끝에 겨우 얻을 수 있었던 친구보다 많은 친구를 얻을 수 있을 것이다. 친구를 얻는 최상의 방법은 먼저 상대방의 친구가 되어 주는 것이다." - 데일 카네기

"남을 너그럽게 받아들이는 사람은 항상 사람들의 마음을 얻게 되고, 위엄과 무력으로 엄하게 다스리는 자는 항상 사람들의 노여움을 사게 된다." - 세종대왕

"세상에서 가장 어려운 일이 뭔지 아니?"

"흠, 글쎄요. 돈 버는 일? 밥 먹는 일?"

"세상에서 가장 어려운 일은 사람이 사람의 마음을 얻는 일이란다. 각각의 얼굴만큼 아주 짧은 순간에도 각양각색의 마음속에 수만 가지의 생각이 떠오르는데, 그 바람 같은 마음을 머물게 한다는 건 정말 어려운 거란다." – 생텍쥐페리 『어린왕자』 중에서

웃으면 다 통한다

웃음에는 힘이 있다. 웃는 얼굴은 사랑이자 따뜻함이며 힘이다. 환하게 웃을 줄 아는 사람은 긍정적인 '기'를 주변에 충만하게 하며, 그러한 파동은 주변 사람들까지 편안하게 만들어 준다.

웃음은 늘 우리에게 다음과 같이 힘을 준다.

"괜찮아, 힘내! 잘될 거야."

"멋진 꿈이구나!"

"오늘 정말 훌륭히 해냈구나!"

유머는 사람과 사람 사이의 거리를 좁힐 뿐만 아니라 대화의 분위기를 밝게 하고, 자칫 어색하고 딱딱한 상황을 말랑말랑하게 바꿔 주기도 한다.

또한 재치 있는 유머 한마디는 상대방에게 용기와 희망을 주고, 한순간이나마 모든 근심과 걱정을 사라지게 한다. 아무리 힘들고 절망적인 상황이라도 그 사람의 얼굴에 미소를 짓게 하는 강력한 힘이 있다.

유머는 속마음을 털어놓게 하고 사고를 유연하게 만들어 준다. 그러므로 협상에서 팽팽하게 줄다리기를 할 때도 유머를 활용하는 것이 효과적일 경우가 많다.

재치 있는 요청

"여보세요. 목욕탕 수도관이 터져서 집 안이 물난리거든요. 빨리 좀 와서 고쳐 주세요."

"지금 당장은 못 가는데요. 순서가 있어서요. 좀 기다리셔야 하겠는데요."

"기다리란 말이죠? 아무튼 최대한 빨리 와 주세요. 그동안 애들한테 수영이나 가르치고 있죠, 뭐."

무엇인가를 요청하거나 의뢰할 때 짜증을 내기보다 기분 좋은 말이나 유머 한마디를 건넴으로써 일이 부드럽게 해결되는 경우가 적지 않다. 마찬가지로 고객을 창출하고 유지하는 데도 절대적으로 필요한 것이 웃음이다. 아무리 파는 물건의 품질이 좋아도 고객의 마음을 살 수 있는 무엇인가가 있지 않으면 고객의 마음을 사로잡을 수 없기 때문이다.

고객의 마음을 움직이는 유머 마케팅 *☝

대형마트에서 주부들의 눈을 끌고 발걸음을 멈추게 하는 곳은 '초특가 세일'이나 '잠깐 세일' 혹은 '1+1'의 행사 코너이다. 그리고 그곳에서는 반드시 '웃음'이나 '유머'로써 사람들을 모이게 하는 이벤트가 벌어지기 마련이다.

최고의 품질과 더불어 보너스를 얹어 줄 뿐 아니라, 거기에 더해 '웃음' 또는 '유머'라는 서비스와 이벤트로 고객의 마음을 움직이게 하므로 손님들이 가벼운 마음으로 기분 좋게 쇼핑을 할 수 있다는 말이다.

고객의 마음을 얻기 위해서는 매장의 종업원, 점주 모두가 항상 웃어야만 한다. 그리고 고객들을 바라보며 마음속으로 이렇게 주문을 걸어야 한다.

'난 고객님을 웃게 만들 것이다. 난 고객님을 내 편으로 만들 것이다. 고객님을 이 매장에 푹 빠지게 만들 것이다.'

그리고 고객이 웃을 때까지 인사하고, 웃을 때까지 챙겨 주고, 웃을 때까지 같이 웃어 주기 위해서 매장의 직원 모두가 '웃음의 전령사'가 되어야만 하는 것이다.

예전엔 부지런하고 성실한 사람이 최고의 직원이었다면, 요즘은 재치와 유머가 넘치는 사람이 최고의 직원으로 대우받는다.

웃음과 유머가 고객의 지갑을 여는, 비상금까지 털어 내는, 돈을 만드는 기술이기 때문이다.

처칠은 '입에 발린 첫마디는 공허하다.'고 했다. 누군가를 처음 만났을 때 '여러분을 만나게 되어 정말 기쁩니다.' 아니면 '이 자리에 저를 불러 주셔서 감사합니다.' 등이 바로 입에 발린 말인데, 이런 말은 상대방에게 어떤 이미지도 심어 주지 못한다.

상대방에게 감동을 주고 싶다면, 이제 웃음과 유머로써 한층 업그레이드된 첫마디를 할 때이다.

"여러분! 저는 오늘 여러분이 건강하게 사느냐, 아니면 죽느냐를 결정하기 위해 이 자리에 왔습니다."

건강식품을 홍보하기 위해 마이크를 잡은 어느 영업사원의 이 한마디가 관광지에 온 사람들을 두 시간이나 붙들어 둔 적이 있다.

타고난 끼가 없다고, 유머 감각이 없다고 고객을 웃지 못하게 하라는 법은 없다. 고객은 TV에서 볼 법한 개그쇼를 원하는 것이 아니다. 번뜩이는 재치와 개인기, 뛰어난 입담이 없더라도 그러한 마음가짐만 있다면 얼마든지 가능한 것이 유머다.

상대방을 웃게 하고 싶다면, 다음 사항을 유념하고 일단 한번 시도해 보면 어떨까.

환한 표정과 밝은 목소리는 상대를 웃게 한다 *👆

무엇보다도 표정이 환해야 하고, 밝은 목소리로 말해야 한다. 자신감이 없거나 억지로 웃게 되면 얼굴 근육이 많이 움직이지 않기 때문에 웃고 있어도 밝고 환한 표정으로 보이지 않는다. 따라서 무엇보다도 마음을 바꾸려는 노력을 기울이는 것이 필요하다.

웃음이 나오지 않으면, 오늘 하루 감사한 일 세 가지만 생각해 봐라. 어느새 얼굴에 웃음이 지어지고 표정이 부드러워질 것이다. 또한 말하는 사람이 경쾌하고 밝은 목소리로 말할 때 상대방도 마음 편하게 웃을 수 있게 되는 것이다.

사람에 대한 관심과 배려하는 마음이 있어야 한다 *👆

상대가 무엇에 관심 있는지를 알 수 있다면, 한층 자연스럽게 재치 있는 말을 할 수 있다. 지금 상대에게 정말로 필요한 것이 무엇인지를 고민하고 배려한다면 상대방의 마음을 열 수 있는 말이 보다 쉽게 나오게 된다.

아무리 재미있는 이야기라고 해도 사람에 따라서는 전혀 먹혀들지 않을 수가 있으므로 무턱대고 떠드는 실수를 범하지 않도록 주의해야 한다.

물건을 팔 때도 마찬가지이다. 사람들이 건강에 관심이 많다고 해서 무조건 '건강에 좋다.'고 말하는 것만으로는 아무 효과를 거둘 수 없다. 따라서 '건강에 좋다.'는 것을 어떤 식으로 말해야 할지를 고민해야 한다.

대개 자기중심적인 사람들이 말의 어려움을 많이 느끼는데, 그 이유는 상대방의 입장에서 얘기하는 것이 아니라 자기주장을 내세우거나 자기가 하고 싶은 말만 하려 들기 때문이다. 상대방을 인간적으로 존중하고 인격적으로 배려하면 좋은 관계를 형성하는 것이 그리 어려운 일이 아님을 알게 될 것이다.

분위기를 반전시킬 줄 알아야 한다 ✴︎👆

분위기가 어색하면 시선을 딴 곳으로 돌리거나 다른 생각을 하게 되므로, 상대방이 관심을 가질 만한 이야기를 재빨리 꺼내야 한다. 그리고 상대방의 반응을 봐 가면서 그다음에 무슨 이야기를 할 것인지를 판단해야 한다.

요즘의 고객들은 단순히 무언가를 사고, 먹고, 입는 것이 아니라 소비하는 과정을 통해 즐거움을 얻고 스트레스를 해소하고자 하는 욕구가 상당히 커지고 있다. 그렇기 때문에 틀에 박힌 언어와 어투, 매뉴얼화된 접대 용어, 기계화된 서비스로는 더 이상 고객의 마음을 사로잡을 수 없다. 한 번 온 고객을 두 번 세 번

오게 하려면 비장의 무기를 마련해야 한다. 그러기에 고객을 대하는 기업이나 매장에서는 웃음과 유머가 경쟁력이 될 수밖에 없는 것이다.

웃음은 모든 관계에 있어서 가장 중요한 키(Key)다. 그리고 웃음은 조직의 매출을 끌어올리는 일등공신이다. 모든 사람은 잘 웃고 유머 있는 사람에게 호감을 가지며, 그런 사람과 함께 있고 싶어 한다. 웃음을 선사하는 가게에 손님이 몰릴 수밖에 없는 이유가 여기에 있다.

웃음의 파워, 그 강력하고 긍정적인 에너지를 상대에게 전하게 되면 내가 원하는 대로 상대의 도움을 끌어내는 것이 한결 수월해진다. 웃는 얼굴이 당신을 성공으로 가는 길로 빠르게 이끌어 줄 것이다.

토끼와 사자의 기도

토끼가 길을 가다가 사자를 만났다. 다급한 마음에 얼른 기도를 했다.

"이 연약한 짐승의 목숨을 살려 주세요. 제발!"

한참 기도를 하고 나니 주위가 조용했다.

토끼는 사자가 물러난 것으로 알고 마음 놓고 가던 길을 갔다.

그런데 저 앞쪽에서 사자가 기도를 하고 있는 것이었다.

"저에게 일용할 양식을 주셔서 감사합니다."

자선 파티의 진짜 의미

어느 자선 파티장에 못생긴 여자가 참석하게 되었다. 음악이 흐르고 춤이 시작되었을 때, 못생긴 여자는 당연히 뒤로 물러서서 구경만 하고 있었다.

그런데 이게 웬일인가? 멋지게 생긴 남자가 그녀에게 와서 함께 춤을 추자고 손을 내밀고 있지 않은가.

이런 대접을 생전 처음 받아 본 여자는 감격하여, 남자에게 자신을 선택한 이유를 물었다. 그러자 남자가 부드러운 미소를 지으며 말했다.

"자선 파티니까요."

삶이 유머다

몸이 아파서 고통을 수반하거나 활동하기가 불편하면 병원을 찾거나 약을 먹는다. 그런데 마음이 우울하거나 아플 때는 왜 치료를 하려 들지 않는 걸까?

참는 것만이 미덕이라고 배워 온 터라 참고 또 참다 보니 사회 전체에 우울증 환자가 늘려 있다. 그러다가 마침내는 참는 것이 화가 되어, 어느 날 신문의 사회면을 장식하는 사건 사고가 터지고 마는 것이다. 스트레스, 불안, 무력감, 권태 등이 우리를 힘들게 한다.

스트레스를 날려 버리자. 불안에서 해방되자. 활기를 찾자. 그러기 위해서는 웃어야 한다. 무조건 웃는가? 그것은 쉽지 않다. 재미있는 유머를 활용해서 웃어 보자.

유머로 스트레스를 해소하라! *👆

화가 치밀 때 웃는다는 것은 여간한 내공이 있지 않는 한 쉽지 않다. 화가 나거나 걱정이 있을 때 웃음을 지을 수 있는 여유가 있다면 이미 유머의 달인이 되었다고 해도 과언이 아닐 것이다.

인간의 화가 수그러드는 데는 24초가 걸린다고 한다. 24초만 참으면 되는데, 화가 나면 속에서 욱하고 치밀어 올라 주먹이 날아가거나 엉뚱한 곳에 화풀이를 해서 사건 사고가 생기는 것이 아니겠는가.

화가 나고 스트레스가 쌓일 때 거기에 유사한 유머만 떠올려도 스트레스의 강도가 줄어들 수 있다. 예를 들자면, 자식 때문에 화가 날 경우에는 자식에 관한 유머를 떠올려 보자.

'세상에서 제일 키우기 힘든 자식은?'

'지 애비 닮은 자식.'이라고 한다.

고부 갈등으로 힘들 경우에는 시어머니에 관한 유머를 떠올려 본다. 한동안 아파트 이름이 어렵게 지어졌었다. '굿모닝힐, 이큐벨리엄, 상떼빌, 보네르빌리지, 그랑시아, 페이머스빌, 에스빌, 마드레빌, 에쉐르' 등…….

이유는? 시어머니가 찾아오지 못하게 하려고.

그런데 최근에는 다시 아파트 이름을 쉽게 짓는 경향이 있다고 한다. '숲속마을, 푸른마을, 상록마을, 호수마을, 강촌마을, 개나리마을, 동백마을, 꿈마을' 등…….

왜 그럴까? 아파트 이름이 어려우니 시어머니가 시누이를 데려오기 때문에 시어머니만 오시라고 쉽게 짓는 거라고 한다.

웃음은 마음의 여유를 준다 ★👆

웃음은 당장 못 참을 것 같던 마음에 휴식을 줄 뿐 아니라, 힘들고 어려웠던 일들도 한결 가볍게 느껴지게 한다. 찰리 채플린의 말처럼, 인생은 가까이서 보면 비극이지만 멀리 떨어져서 보면 희극이다.

웃음은 모든 상황에서 긍정적이고 낙천적으로 생각하게 만드는 힘을 준다. 아무리 힘들더라도 긍정적인 생각을 가지고 오늘도 힘차게 웃으면서 시작하자.

웃을 일이 없는데 어떻게 웃느냐고 반문할지도 모른다. 하지만 웃겠다고 마음먹으면 우리 주변에 웃음의 소재가 널려 있다. 삶 자체가 유머이기 때문이다.

臥以來算老(와이래산노) 엎드려 오는 세월을 헤아리며 기다림은(인생무상, 늙어 감을 헤아린다는 뜻)

雨夜屯冬(우야둔동) 비 오는 밤에 겨울을 기다리듯이

母夏時努(모하시노) 어머님은 여름 시절에 힘만 드시는구나

苦魔害拏(고마해라) 괴로움과 마귀가 나를 해치려 붙잡아도

魔理巫多(마이무다) 무인이 많으면 마귀를 물리칠 수 있다

五茁嚴拏(오줄엄나) 다섯 가지 약초를 부여잡고 기다리면

氷時色氣(빙시색기) 얼음이 얼 때 색과 기가 되살아나니

知刺汗多(지랄한다) 아는 것이 어그러지면 하릴없이 땀만 많이 흘리고

文登自晢(문등자석) 문장의 길에 오르면 스스로 밝아지는도다

謀樂何老(모락하노) 즐거움을 도모하니 어찌 늙으리오

牛野樂高(우야락고) 소 치는 들판에 즐거움이 높도다

澤度儼多(택도엄다) 법도를 가려 의젓함을 많이 하라

熙夜多拏(희야다나) 달 밝은 밤에 생각에 붙잡힘이 많구나

無樂奚算老(무락해산노) 낙이 없으니 어찌 늙음을 따지리오

尼雨夜樂苦移裸老(니우얄락고이라노) 대저 비 오는 밤 고락이 헐벗은 노인 근심케 하네

文登歌詩那也(문디가시나야) 문장에 오르니 노래와 시가 어쩌는고

天地百歌異(천지백가리) 천지에 백가지 노래가 다르니

苦魔濁世里不拏(고마탁세리불라) 고통과 마귀가 흐린 세상에 붙잡히는구나

부부간에도 말하기 곤란한 얘기가 있는데, 그럴 때 유머로 은 근 슬쩍 넘어가는 것도 지혜인 것 같다.

프랑스 속담에 '재치는 순간의 신(神)이요, 천재는 시대의 신 (神)이다.'라는 말이 있는데, 우리는 순간의 신(神)을 보다 자주 만날 필요가 있지 않을까 싶다.

남편들은 요즘 밖에서 많은 스트레스를 받는다. 물론 아내가 받는 스트레스도 만만치가 않다. 그런데 부부간에 서로 기대치 가 높으면 높을수록 갈등이 많고 실망도 큰 것 같다.

무얼 사다 주면 그것이 그저 고맙고, 해 주는 말 한마디가 고 맙고, 행동이 고맙게 느껴질 수 있도록 서로가 마음을 비워야만 갈등을 줄일 수 있다.

이럴 때, 아내는 남편이 고맙다 ★👆

- 밤늦게 쓰레기를 대신 버려 줄 때
- 손이 닿지 않는 곳을 긁어 줄 때
- 화장실에서 볼일을 봤는데 화장지가 없어서 난감할 때
- 남은 음식을 깔끔하게 먹어 줄 때
- 대형 할인점에 쇼핑하러 갔을 때
- 짐도 많은데, 아이가 차에서 잠이 들었을 때

– 모처럼 자유로운 주말, 여기저기 친구한테 전화를 해도 모두 계획이 있다고 할 때

딱 그만큼만

"여보, 당신은 나를 발가락의 때만큼도 생각하지 않는 것 같아."
"아니에요. 그렇게 생각해요."

애인이 있으면

10대가 애인이 있으면? 엉덩이에 뿔난 사람.

20대가 애인이 있으면? 당연지사.

30대가 애인이 있으면? 집안 말아 먹을 사람.

40대가 애인이 있으면? 가문 망칠 사람.

50대가 애인이 있으면? 축복받을 사람.

60대가 애인이 있으면? 표창 받을 할아버지 할머니.

70대가 애인이 있으면? 신의 은총 받을 할아버지 할머니.

80대가 애인이 있으면? 천국 갈 할아버지 할머니.

90대가 애인이 있으면? 지상에서 영생할 할아버지 할머니.

유머는 자존감과 사랑이다

죽음을 앞두고 나는 삶과 죽음에 대한 고찰을 담은 이야기로 많은 이들에게 큰 울림을 주었던 『모리와 함께한 화요일』의 실제 주인공 모리 슈워츠 교수는 인생의 마지막 길에서 이러한 메시지를 남겼다.

"자신을 사랑하는 사람, 자신을 동정할 줄 아는 사람, 자신에게 친절한 사람이 되십시오. 자신을 진실로 아는 자는 진실로 자신을 귀하게 여기며, 자신에 대한 귀한 존경심을 통하여 타인을 자기처럼 귀하게 여기는 방법을 배우게 됩니다. 즉, 자신을 사랑함에서부터 시작하여 타인을 사랑하게 됩니다."

먼저 자신을 사랑해야 타인을 사랑할 수 있다는 말이다. 바로 지금 이 순간, 자기 자신을 사랑할 만한 이유를 찾아내야 한다고 생각하지 않는가.

'맹구부목(盲龜浮木)'이란 사자성어가 있다. 큰 바다에 사는 눈먼 거북이 백 년에 한 번 수면 위로 올라오는데, 이때 구멍이 뚫려 있는 나무토막을 만나면 그 구멍에 목을 얹고 나무토막에 의지하여 해동(海東)에 이를 수 있다는 이야기이다.

눈먼 거북이 망망대해에서 구멍 뚫린 나무토막을 발견하는 일도 어렵지만, 표류하는 나무토막에 의지하여 목적지에 도달하는 것은 더 어렵다. 이 성어는 우리가 이 세상에 태어나는 것이 그만큼 힘든 일이고, 그런 만큼 무엇과 비교할 수 없이 귀한 존재라는 사실을 일깨워 준다.

그런데 무엇 때문에 고민하면서 자신을 냉대하는가? 매사에 자신감이 없고 스스로가 부족하다고 생각되면 자신을 높이는 유머를 계속 써 나가는 것도 한 방법이다.

영어에서 '나'를 'I'라고 표현한다. 약속이라도 한 듯 숫자 1과 비슷하다.

$$1(One) = I(나)$$

'나'는 이 세상에서 유일한 존재이다. '나'는 언제나 대문자 'I'로 표현되는 특별하고 주체적인 존재라는 말이다. 이미 '나'라는 사람은 맹구부목의 힘들고 고된 인연의 끝을 붙잡고 태어난 유일무이한 존재란 사실만으로도 소중하고 귀하다.

자기 존중과 겸손의 유머 *👆

언제 들어도 기분 좋아지고, 나 자신을 높이는 유머란 생각이 들어 자주 사용한다. 세상에서 가장 위대하고 멋진 사람을 일곱 자로 줄이면? 여덟 자로 줄이면……? 아마 자신을 높이는 수식어가 그토록 많다는 사실에 놀라게 될 것이다.

하지만 우리는 너무 자기 자신을 높이지 않고 부지불식간에 스스로를 무시하는 경향이 있다. 자신을 높이지 않는 일이 겸손함이라고 착각하는 것은 아닌지 모르겠다.

하지만 '자기 비하'와 '겸손'은 확실히 다르다. 진정한 겸손에는 자신에 대한 존중이 배어 있다는 사실을 간과하지 말아야 한다. '자기 존중'과 함께 진정한 '겸손'이 무엇인지를 알게 해 주는 김수환 추기경과 슈바이처 박사의 예화가 있어 소개해 본다.

김수환 추기경이 잘하는 두 개의 언어

김수환 추기경을 찾아오는 사람들 중에는 외국인들이 제법 있다. 그들과 편안하게 이야기를 하고 계신 모습은 참으로 보기 좋다.

어느 날 궁금증이 일어 '추기경님께서 몇 개 국어를 하시는지' 주교관 식당에서 여쭈어 본 적이 있다. 추기경님께서는 '나는 두 개의 언어를 잘하는데, 그 말이 무엇인지 맞추어 보라.'고 하셨다.

같이 식사를 하던 어느 신부님은 '추기경님께서 독일에서 유학을 하셨으니 독일어를 잘하실 것이고, 일제 강점기를 사셨으니 일본어를 잘하실 것 같다.'고 대답했다. 또 다른 신부님은 '추기경님이 영어로 이야기하는 모습을 자주 뵈었으니 영어와 독일어가 아니겠느냐.'고 추론하였지만 추기경님은 '아니다.'라고 하셨다.

스무고개를 하듯이 '영어와 일어', '우리말과 영어', '독어와 우리말', 심지어는 '라틴어를 소신학교 때부터 배우셨으니 라틴어와 우리말'이라고까지 하였는데 '전부 틀렸다.'고 말씀하셨다.

더 이상의 조합을 만들어 낼 수 없었을 것 같아서 '도대체 잘하시는 말이 무엇이냐?'고 여쭈어 보았다.

그러자 추기경님은 웃으시면서 "나는 두 가지 말을 잘하는데, 그게 뭐냐면 하나는 거짓말이고 다른 하나는 참말이야."라고 대답하셨다.

슈바이처 박사가 3등 칸을 탄 이유

슈바이처 박사는 가진 재산들을 모두 병원 유지에 쏟아부었으나, 그것으로는 몰려드는 환자들을 감당하기에 역부족이었다. 그래서 그는 각지로 다니며 부득이 모금운동을 벌이지 않으면 안 되었다.

그러던 중에 고향인 알자스에 들르게 되었는데, 그 소식을 전해 들은 친지와 동료 그리고 각계 인사들이 기차역에 모여 영접할 준비를 갖췄다.

기차가 도착하자 환영 나온 사람들과 기자들이 1등실 앞으로 우르르 몰려갔다. 그러나 슈바이처의 모습이 보이지 않았다. 허둥대는 사람들의 눈에 맨 뒤 칸인 3등 열차에서 내려 초라한 모습으로 플랫폼으로 걸어 나가는 한 남자가 비쳤는데, 그가 바로 슈바이처 박사였다.

사람들이 달려가서 그를 붙들고 물었다.

"아니, 박사님! 어째서 3등 칸을 타고 오셨습니까?"

그러자 슈바이처 박사가 빙그레 웃으면서 말했다.

"4등 칸이 있어야지요, 그래서 3등 칸을 탔습니다."

김수환 추기경은 모두가 공감하며 미소를 지을 수 있는 명답이자, 유머의 진수를 보여 주었다. 사람은 누구나가 참말과 거짓말을 하며 살고 있으니까 말이다. 이런 겸허한 모습을 통해 많은 사람들이 감명을 받는 것은 물론이고, 거기에 더해 인간적인 친밀감까지 느끼게 되는 것은 두말할 나위가 없다.

또한 더 낮은 열차 칸이 있었더라면 기꺼이 그 기차를 탔을 것이라는 슈바이처의 말 속에는 '겸손함'과 함께 '자기 존중'이 배어있는 자연스런 유머라는 생각이 든다.

유머에는 따뜻함과 선함이 있다. 상대를 배려하고 위로하고 싶은 마음, 그것이 유머로써 표현되는 것이다.

왕의 대우

어느 날 프랑스의 국왕 루이 15세가 유명한 외과의사의 병원에 친히 들렀다.

국왕 : 나를 이 병원에 있는 다른 환자들과는 다르게 대우하겠지?

의사 : 전하, 황송하옵니다.

국왕 : 황송하다니, 무슨 말인고?

의사 : 저희 병원에서는 모든 환자를 왕처럼 대우하고 있답니다.

유머는 최고의 능력이다

사회적으로 인정받는 사람들을 보면 우수한 두뇌로 성공하는 사람은 15%에 불과하지만, 대인관계가 좋아 성공하는 사람은 85%가 된다고 한다.

인간의 잠재력을 개발하는 전문가로서 수만 명을 백만장자로 만든 브라이언 트레이시는 이렇게 말한다.

"인간관계는 얼마나 잘 웃느냐로 결정된다. 입술을 활처럼 양끝으로 당겨라. 효과는 마약처럼 즉각 나타난다."

웃음이 성공의 비결이라는 말이다.

또한 식사 중일 때의 웃음은 소화 기능을 돕기 때문에, 유머는 소화제라는 말도 있다. 그런가 하면 웃을 때 뇌하수체에서는 엔도르핀과 같은 천연 진통제가, 부신에서는 염증을 낮게 하는 화학물질이 나와 고통을 잊게 한다고 한다. 아울러 동맥을 이완시켜 혈액순환을 원활하게 하여 혈압을 낮추는 효과가 있으며, 스트레스와 긴장을 완화시켜 심장마비 같은 돌연사를 예방해 주기도 한다.

이 밖에도 웃음과 유머가 우리의 삶에 미치는 영향이 적지 않은데, 그것이 무엇인지 살펴보면 다음과 같다.

유머는 인간관계를 부드럽게 해 주는 조미료다 ✱👆

유머가 있는 사람들 주변에는 언제나 사람들이 모이게 된다. 딱딱한 분위기를 풀어 주며, 마음을 편안하게 열게 해 주는 힘이 있기 때문이다.

재미있는 교사는 학생들을 수업에 집중하게 하며, 직장에서는 상사와의 갈등을 줄어들게 하고 구성원 간의 거리를 좁혀 준다. 유머가 있는 조직은 서로 간의 갈등을 예방하고 해소하게 하며 친밀감을 주고 생산성을 향상시킨다.

유머는 친밀감을 느끼게 해 주는 촉매제다 ✱👆

말레이시아의 어느 다국적 기업의 대표이사인 '얍 림 센'이라는 사람은 유머를 가지고 자기를 소개하는 능력을 가지고 있었다.

"내 이름은 얍(Yap)입니다. pay(지불)의 철자를 거꾸로 쓰면 되죠."

이렇듯 첫 만남에서의 유머의 효과는 이름을 기억시키는 데 그
치지 않고, 어색한 분위기를 친밀하게 바꿔 주는 힘이 있다.

권영복이라는 분은 자신의 이름을 소개할 때 이렇게 말한다.

"권−권투를, 영−영어로 말하면, 복−복싱입니다."

이를 들은 분들은 한결같이 웃으면서 이름을 기억하게 된다.

이와 같이 자기소개를 할 때 다른 사람과 차별화되는 유머 소
개법을 연구해 보면 어떨까. 자신의 이름이 평범하거나 촌스럽
다고 실망하지 말고, 이름에 어울리는 재미있는 에피소드를 만
들어 보자.

상대방이 여러분의 이름을 자주 말하게 된다면 여러분의 존재
는 이미 상대방의 마음속에 자리 잡고 있는 것이라고 생각해도
무방하다. 특히 첫 만남에서 자신의 이름을 기억시킬 수 있다면
여러분은 사람들과의 관계를 보다 친밀하게 다져 갈 수 있을 것
이다.

유머는 흥미와 관심을 유발시키는 윤활유다 ★👆

사람들이 많이 모인 자리에서 적절한 유머를 사용하면 이목을
집중시킬 수 있다. 또한 강의를 할 때도 유머를 섞어 가면서 설
명하면 흥미와 관심을 유발시켜 학습 효과가 커진다. 나른한 오

후 시간에 강의를 해도 재미있는 예화를 섞어 가며 분위기를 띄워 주면 졸거나 딴 생각하는 사람은 찾아보기 힘들다.

유머는 고통을 극복하는 힘을 주는 멘토다 ★👆

유머는 마음을 안정되게 하고, 방금 전의 고민도 잊게 한다.

피터 L. 버거가 『현대 사회와 신』에서 언급한 바와 같이 유머는 초월 효과를 가지고 있다. 초월 효과란 유머를 듣는 순간 용기, 기쁨, 자유, 평화를 맛보게 되는 것을 말한다.

연세대학교를 설립한 언더우드 목사는 가족 세 명만 남은 개척교회 목사에게 이렇게 말했다고 한다.

"목사님은 희망이 있네요. 지금 세 명이니 더 줄어들 리는 없고, 앞으론 늘어날 일만 있지 않겠습니까."

그 개척교회 목사는 모든 것을 포기하고 싶을 정도로 힘이 들었지만 언더우드의 유머를 듣고 힘을 얻어 다시 일어섰다고 한다.

유머는 이처럼 힘들고 어려울 때 방어기제의 역할도 한다는 것을 기억하자.

남편이 아내에게 반한 까닭은

저녁 식사 후 아내가 남편에게 물었다.

"여보, 당신은 솔직히 나의 어떤 면이 맘에 들어요? 지성미? 미모? 몸매?"

"아니, 당신의 그 유머 감각! 지금도 되게 웃기는 소릴 하잖아."

그가 자동차를 훔친 이유

어떤 남자가 자동차를 훔친 혐의로 경찰서에 잡혀 왔다.

경찰이 그에게 범죄 사실을 추궁했다.

"당신 뭐 땜에 남의 차를 훔친 거지?"

그러자 남자가 억울하다는 표정으로 대답했다.

"난 훔친 게 아닙니다. 묘지 앞에 세워져 있기에 주인이 죽은 줄 알았다고요!"

Chapter 3

리더의 유머 감각이
조직을 변화시킨다

재담가 처칠의 유머

"나는 피와 고생과 눈물과 땀 말고는 줄 수 있는 게 아무것도 없습니다."

영국 총리에 취임한 윈스턴 처칠은 1940년 5월 13일 런던 하원에서 제2차 세계대전 초반 암울한 시기에 영국민의 사기를 진작시키는 명연설을 남겼다. 처칠은 이 같은 연설을 통해 대중을 하나로 결집하는 카리스마를 발휘하며 흡인력 강한 지도자로 영국인에게 각인됐다.

독일 공습이 예고됐던 당시, 처칠은 하원 연설에서 흉악한 독일의 범죄에 맞서는 전쟁의 불가피함과 이에 대한 영국 국민들의 단합을 일깨웠다. 그는 독일의 영국 침공이 임박한 6월엔 하원 연설을 통해 "우리의 목표는 어떤 희생을 치르더라도 승리하는 것"이란 점을 반복적으로 말했다. "승리가 없고는 생존도 없다."며 "자, 단결된 힘으로 우리 다 함께 전진합시다."라고 연설했다.

처칠은 혀 짧은 소리에 말을 더듬었지만 수차례 고쳐 쓴 연설문에 문학적 표현을 더하고 읽기 연습을 거듭한 결과, 탁월한 웅변가이자 20세기 세계의 지도자로서 대영제국과 영연방의 역사적 순간을 이끌었다.

영국의 전 총리(2회), 노벨 문학상 수상자, 작가인 처칠 경은 (Sir Winston Leonard Spencer-Churchill, 1874~1965) 160㎝가 조금 넘는 단신에 뚱뚱한 대머리 외모뿐 아니라 일그러진 인상에 등은 굽어 있다. 입술은 너무 얇아 없는 듯 보였고 목은 거의 보이지도 않았으며, 그의 상징은 시거와 나비 넥타이였다.

그는 의회에서 언론에 공개할 사진을 찍을 때만 시거를 입에 물어 카리스마 있는 모습을 보이도록 했으며 어느 순간부터는 담배를 피우지 않았는데 가장 위대한 영국인 중에 셰익스피어, 뉴턴, 엘리자베스 1세를 뛰어넘는 그는 2002년 BBC의 설문 조사 결과 위대한 인물로 선정되기도 했다.

그는 고급스러운 생활과 사치를 좋아했으며 학교에서도 낙제할 수준이었지만 후에 노벨 문학상을 받을 만큼 뛰어난 작가가 되었고, 그 인세로 생활이 가능했다. 웃음을 중요하게 여기는 그의 유머 감각은, 자신의 뚜렷한 주관과 함께 오랜 시간 해 온 독서의 결과이기도 했다.

처칠 이전까지만 해도 영국에서는 손가락으로 V자를 그리면 상대를 욕하는 의미로 통했다. 그런데 그것을 처칠이 빅토리의 'V' 의미로 재창조해 냈고, 지금은 그 뜻이 세계적으로 통용되고 있다.

그의 유머 감각을 짐작할 수 있는 에피소드는 숱하게 많을 만큼 그는 재담가로도 유명했다.

윈스턴 처칠의 넉살 에피소드 *👆

#1. 제2차 세계대전 당시 전 세계의 결속을 모으는 연설을 하러 방송국에 가야 했던 처칠이 택시를 잡았다.

"기사 양반, BBC 방송국으로 빨리 좀 갑시다."

운전사가 뒤통수를 긁적이며 대꾸하기를,

"죄송해서 어쩌죠? 손님. 한 시간 후에 방송되는 윈스턴 처칠 경의 연설을 들어야 하기 때문에 제가 오늘 그렇게 멀리까지는 갈 수 없군요."

이 말에 처칠은 기분이 좋아져서 파운드짜리 지폐를 꺼내 운전사에게 건네주니, 운전사는 처칠을 향해 한쪽 눈을 찡긋하며 말했다.

"손님, 타세요. 처칠이고 뭐고 우선 돈부터 벌고 봐야겠습니다."

처칠은 껄껄 웃으며,

"까짓것 그럽시다!"

#2. 처칠은 국가적인 부탁을 하러 2차 세계대전 초기에 미국으로 건너갔다.

호텔에서 샤워를 하고 있는데 갑자기 루스벨트 대통령이 나타났다. 문을 여는 순간, 허리에 감고 있던 수건이 주르르 흘러내리는 게 아닌가?

하지만 처칠은 전혀 당황하지 않고 루스벨트를 향해 양팔을 넓게 벌리며 이렇게 말했다.

"보시다시피 영국은 미국과 미국 대통령에게 아무것도 숨기는 것이 없습니다."

이 한마디로 처칠은 순간적인 실수를 멋지게 넘겼다.

#3. 연극에 함께할 친구조차 하나 없는 외톨이라는 점을 비꼬아 영국의 세계적인 극작가 버나드 쇼가 연극 표 두 장을 건네며 처칠에게 말했다.

"제 연극에 초대하오니 동행하실 친구분이 혹시라도 계시다면 함께 오시지요."

처칠이 웃으며 이에 맞서 응수하기를,

"첫날은 바쁜 사정으로 어려우니 다음 날 가겠습니다. 행여 연극이 하루 만에 끝나지 않겠죠?"

#4. 윈스턴 처칠이 총리로 재직할 때 국회연설을 앞두고 시간이 늦어 운전기사에게 속력을 내라고 했다. 이 때문에 총리의 차는 교통위반을 하게 됐고, 순찰차의 저지를 받았다.

운전기사가 말했다.

"총리각하의 차인데 급히 국회에 가야 합니다."

"총리각하의 차라면 교통을 위반할 리 없습니다."

교통경찰은 이렇게 말하면서 면허증 제시를 요구했다.

이 태도에 감명받은 처칠은 경시청 총감을 불러 교통경찰의 1계급 특진을 지시했다. 그러자 경시청 총감이 말했다.

"경찰법규에 그런 규정이 없어 당장 특진시킬 수 없습니다."

그 말에 처칠이 싱긋 웃으며 중얼거렸다.

"오늘은 경찰에게 두 번씩이나 당하는군!"

윈스터 처칠의 유머 리더십 ★👆

#1. 미국을 방문한 처칠에게 한 여인이 질문을 던졌다.

"연설할 때마다 사람들이 자리가 미어터지게 모여드니, 기분이 정말 짜릿하시겠어요?"

처칠은 웃음을 지어 보이며 대답했다.

"물론 기분이 좋습니다. 하지만 내가 이런 정치 연설을 하는 것이 아니라 교수형을 당하는 것이라면, 지금보다 최소한 2배 이상의 사람들이 몰려들 것이란 사실을 늘 기억하고 있습니다."

#2. 처칠이 연단 위에 오르려다 넘어졌다. 이 모습을 본 청중들이 웃자, 그가 마이크를 잡고서 말했다.

"제가 넘어져서 국민이 즐겁게 웃을 수 있다면, 다시 한 번 넘어지겠습니다!"

자신을 싫어하는 사람에 대한 윈스터 처칠의 대응 ★👆

#1. 몽고메리 장군이 북아프리카에서 제8군을 지휘하고 있을 때, 처칠은 독일군에 대한 공세를 빨리 취하라고 열화와 같이 독촉했다. 때문에 장군은 처칠을 별로 좋게 생각하지 않았다.

그가 육군참모총장이 되어 처칠을 만났을 때, 이런 농담을 했다.

"저는 술과 담배를 하지 않는 100%로 괜찮은 사람입니다."

#2. 처칠이 처음 하원의원 후보로 출마했을 때, 처칠의 상대 후보는 인신공격도 마다하지 않았다.

"처칠은 늦잠꾸러기라고 합니다. 저렇게 게으른 사람을 의회에 보내서야 되겠습니까?"

처칠은 아무렇지 않게 응수했다.

"여러분도 나처럼 예쁜 마누라를 데리고 산다면, 아침에 결코 일찍 일어날 수 없을 것입니다."

그러자 회견장에 폭소가 넘쳤다고 한다. 이에 처칠이 넉살 좋게 웃으며 대답했다.

"저는 술과 담배를 하는 200%로 괜찮은 사람입니다."

#3. 영국 의회 사상 첫 여성 의원이 된 에스터 부인. 하지만 처칠과는 매우 적대적인 관계였다. 처칠은 여성의 참정권을 반대했기 때문이다.

"내가 만약 당신의 아내라면 서슴지 않고 당신이 마실 커피에 독을 타겠어요."

그 말에 처칠이 태연히 대답했다.

"내가 만약 당신의 남편이라면 서슴지 않고 그 커피를 마시겠소."

기분이 최고로 올랐다가 다시 우울해지는 조울증이었음에도 처칠은 웃음과 유머를 즐겼다. 언제나 어떤 상황에서도 유머를 사용했던 처칠이 조울증이었다는 사실은 잘 알려져 있지 않다.

"미국 대통령의 얼굴에는 여유와 미소가 있는 반면, 한국의 대통령은 항상 굳어진 얼굴이며 웃음을 보기 힘들다. 웃음은 전염성이 강하기 때문에, 한 나라의 대통령이 짓는 웃음은 전 국민에게 확산되어 그 효과와 파장이 매우 크기 마련이다. 그러므로 대통령은 웃어야 한다."

미국의 유명한 저널리스트 잭 앤더슨은 한 칼럼에서 이렇게 지적한 바 있다.

우리도 이제는 얼굴에 부드러운 웃음이 가득하고, 촌철살인의 유머로써 국민들의 마음을 시원하게 해 주는 정치인들의 모습을 볼 수 있었으면 좋겠다.

세계적인 리더의 유머

비스마르크의 고급스러운 유머

독일의 철혈 재상이었던 비스마르크는 어느 날 대심원장을 사냥에 초청했다. 두 사람이 사냥터에 닿자, 바로 눈앞에 토끼 한 마리가 나타났다.

"오! 저 토끼는 사형 선고를 받았어요."

대심원장은 자신만만하게 말하고 나서 총을 들고 겨냥했다. 하지만 목표가 빗나가 토끼는 깡충깡충 도망쳐 갔다.

비스마르크는 껄껄 웃으면서 대심원장에게 말했다.

"보아하니 사형 선고를 받은 자는 당신의 판결에 동의하지 않은 모양이군요. 저 토끼는 그래서 대심원에 상고하기 위해 라이프치히에 갈 겁니다."

사냥감에 불과한 토끼를 의인화함으로써 고급스런 유머가 된 것이다.

불안을 화합으로 이끈 엘리자베스의 유머

2차 세계대전 중 독일군의 포격으로 영국의 버킹검궁의 벽 일부가 무너진 일이 있었다. 이는 영국의 상징과 국민의 자존심을 무너뜨린 일이었고, 특히 전쟁 중에 국민의 사기를 크게 떨어뜨리는 일이었다.

이때 엘리자베스 여왕은 대국민 담화를 통해 이렇게 말했다.

"국민 여러분, 안심하십시오! 독일군의 포격 덕분에 왕실과 국민 사이를 가로막고 있는 장벽이 사라졌습니다. 이제 여러분의 얼굴을 잘 볼 수 있고, 여러분의 말을 더 잘 들을 수 있게 되어 다행입니다. 우리는 이제 더 단합된 모습으로 전쟁에서 이길 수 있습니다."

장황한 설명이 아니라 간단명료한 유머로써 영국 왕실의 자존심도 살리고, 불안해하는 국민들의 마음을 어루만지면서 화합으로 이끈 것이다. 적어도 지도자라면 이 정도의 유머 감각은 기본으로 갖고 있어야 하지 않을까?

어쨌든 유머는 위대하다. 유머 감각은 격렬한 복싱경기에서 상대가 날린 스트레이트를 나비같이 가벼운 발놀림으로 슬쩍 몸을 돌려 피하며 재빠르게 날리는 훅과 같은 것이다.

재빠르게 날리는 훅이라는 소리를 들으면, 유머의 대가라 일컬어지는 무하마드 알리가 떠오른다.

유머의 대가 무하마드 알리를 뛰어넘는 유머

무적의 파이터 무하마드 알리가 비행기를 탔는데, 승무원이 와서 안전벨트를 매라고 주의를 주었다.

그러자 알리는 미소를 지으면서 "슈퍼맨에게 안전벨트가 무슨 필요가 있소?"라고 대답했다.

그러자 여승무원도 미소를 지으면서 말했다.

"호호호. 그렇다면 슈퍼맨에게 비행기가 무슨 소용이 있죠?"

이 밖에도 세상에 큰 족적을 남긴 리더들이 남긴 수많은 에피소드들이 있다. 그들은 저마다 가진 능력 이외에도 탁월한 유머 감각으로 세상을 변화시키는 데 일조했다.

한 시대를 풍미하고 세계 역사의 흐름을 바꾸는 데 일조한 사람들을 보면, 문제의 정곡을 촌철살인의 유머 한마디로 찌를 수 있는 능력의 소유자임을 새삼 확인할 수 있다. 문제의 핵심을 파악하지 못한 사람이 단순한 말재주만으로 유머를 구사하진 못할 테니 말이다. 그들의 유머 감각을 통해 세상을 바라보는 시야를 넓혀 보면 어떨까.

빌 클린턴 ★👆

미국의 빌 클린턴 전 대통령의 어머니인 버지니아 클린턴 캘리는 5번이나 결혼할 정도로 불행한 여자였으나 정이 많고 관대하고 유머가 넘쳤다. 그녀는 간혹 의붓아버지가 아들을 때리면 맞서 싸우며 자식을 보호했다. 그런 여건 속에서도 아들에게 3가지를 가르치며 인생의 어려움을 극복하도록 했다.

"절대 포기하지 마라. 항복하지도 마라. 웃는 걸 두려워하지 마라."

마크 트웨인 ★👆

마크 트웨인이 어느 날 신문기자로부터 국회의원의 도덕성에 대한 질문을 받았다. 그는 풍자를 섞어 말했다.

"국회의원 아무개는 개새끼다."

며칠 후 일간지에 이 말이 기사화되었고, 미국 국회는 마크 트웨인에게 사과문을 개재하라고 결의했다. 그는 하는 수 없이 「뉴욕 타임즈」에 다음과 같은 사과문을 실었다.

"얼마 전 내가 한 말은 근거도 없고 사실과 맞지 않아서 다음과 같이 정정합니다. 미국 국회의 아무개는 개새끼가 아니다."

존 F. 케네디 ★👆

대통령 취임식 만찬장에서 한 기자가 존 F. 케네디 대통령에게 언짢은 질문을 던졌다.

"젊은 후보께서 왜 나이 많은 존슨을 러닝메이트로 골랐습니까?"

그러자 케네디 대통령은 의아한 듯 큰 소리로 말했다.

"아! 그거요. 내가 콧물을 질질 흘릴 만큼 아직도 어려서 나이 많은 보호자가 아니면 비행기도 못 탈까 봐 나이 많은 존슨을 택했소. 그게 뭐가 잘못되었나요?"

토머스 왓슨 ★👆

IBM의 전설적인 리더 토머스 왓슨의 일화이다. 자신의 실수로 무려 1,000만 달러의 손실을 야기한 젊은 중역이 왓슨의 사무실로 불려 왔다. 최고경영자와 마주한 그는,

"저를 해고하시겠는지요?"

라고 말했다. 그러자 왓슨이 말했다.

"해고라고? 천만에! 자네를 교육시키는 데 1,000만 달러나 투자했는데 무슨 소리를 하는가?"

빅토리아 여왕 ★🖐

아무리 화려한 말도 사람의 마음을 움직일 수 없다. 적어도 대화를 나누려면 최소한 상대를 존중하는 마음이 배어 있어야 한다. 진실한 말은 오래도록 기억된다. 먼저 진실한 마음을 상대방에게 보여 주어라. 그것이 모든 사람들에게 환영받을 수 있는 방법이다.

영국의 빅토리아 여왕이 남편 앨버트 공과 사소한 일로 말다툼을 벌이게 되었다. 앨버트 공이 화가 나서 자기 방에 들어가 버리자, 여왕은 미안한 생각에 무조건 남편에게 사과하기로 했다. 그리고 남편의 방문을 두드렸다.

"누구요?"

남편이 퉁명스럽게 대답했다.

"영국의 여왕입니다."

그러나 문은 열리지 않았다. 여왕은 다시 노크했다.

"누구요?"

"영국의 여왕이오."

그러나 문은 열리지 않았다. 여왕은 집무실로 돌아갔다. 한참을 고민하던 여왕이 되돌아가서 다시 문을 두드렸다.

"누구요?"

"당신의 아내입니다."

그러자 남편의 방문이 열렸다.

간디 ★☝

간디가 남아프리카에서 비폭력 불복종 운동을 벌이고 있을 때이다.

어느 날 백인 판사가 간디를 찾아와 간디에게 체포 영장을 내밀며 체포하겠다고 하였다. 하지만 간디는 그저 태연한 모습으로 웃으며 대답했다.

"아, 내가 어느새 승진을 했나 보군요. 저번에는 저를 잡으러 순경을 보내더니 이번에는 직접 판사께서 오셨네."

이누가이 ★☝

일본의 이누가이 애꾸눈 외상이 자리에 있을 때의 일이다. 국가 정세를 논하는 자리에서 인신공격이 시작되었다.

"아니, 두 눈을 가지고도 국가 정세를 파악하지 못하는 세상에 어떻게 한 눈만 가지고 국가 정세를 제대로 파악할 수 있겠습니까?"

이에 이누가이 외상이 빙긋이 웃으며 촌철살인의 한마디를 던진다.

"여러분! 혹시 일목요연(一目瞭然)이란 말 아십니까?"

이 말에 많은 의원들은 한마디 대꾸도 하지 못했다.

상대의 비판이나 공격에 당황하지 않고 상황을 반전시켜 더 멋진 이미지로 커버할 수 있는 최고의 기술이 바로 유머이다. 리더의 이 같은 유머 감각은 구성원들에게 큰 에너지와 영향을 준다.

어떤 자리에서 리더가 되고자 한다면 유머 감각은 이젠 필수가 되었다. 갈수록 치열해지는 경쟁사회에서 누군가를 설득시키고 마음을 열게 한다는 것은 전문지식이나 틀에 박힌 행동만으로는 불가능하다.

유머러스한 표현은 가장 효과적인 동기 부여가 되고, 가장 부작용이 적은 비판이 되며, 갈등을 가장 빠르게 해소하는 해법이다. 유머는 거의 대부분의 상황에서 통하는 만병통치약인 것이다. 이러한 유머를 잘 활용하고 익힌다면 사람 사이의 관계를 개선하여 보다 긴밀한 관계로 발전할 수 있고, 적대시했던 사람들까지도 호감을 갖게 하여 협력자로 탈바꿈시킬 수 있다.

역사에 위대했던 인물로 남은 사람들의 면면을 보면, 거의 대부분이 탁월한 유머의 소유자임을 알 수 있다. 조직의 리더는 어려운 상황에 처했거나 큰 실수를 저지른 구성원을 바로 세워 주고 다시 일어나게 하는 데 절대적인 영향력을 발휘한다. 즉, 칭찬하고 격려하는 리더는 공동체를 세우는 건축가와 같다고 할 수 있다.

리더가 피해야 할 태도 *👆

- **비꼬거나 비난하는 태도** : 종종 지나친 농담으로 맞받아칠 때
  가 있다. 하지만 마음이 약해져 있는 사람들은 일반적인 사
  람들보다 더 쉽게 상처를 입는다는 것을 기억해야 한다.
- **고쳐 주려는 태도** : 사람들에게 그들의 생각이 잘못되었다고
  말하거나 '그렇게 받아들이지 마세요.'라고 가르치듯이 말하
  지 마라. 중요한 것은 그들이 이미 그렇게 느끼고 있으므로
  주의해서 듣고, 그들이 왜 이렇게 느끼고 있는지를 파악하
  려는 노력이 필요하다.
- **조언하려는 태도** : 문제에 대해 끝까지 상세히 파악한 다음
  에 답해 주어야 한다. 성급하게 판단할 경우, 종종 문제의
  본질을 보지 못하게 된다. 또한 너무 서둘러서 대답하지 마
  라. 성급한 조언은 건방지게 보일 수 있으며, 대화를 쉽게
  막아 버릴 수 있다.

제대로 격려하려면 먼저 들을 줄 아는 자세를 갖고 있어야 한
다. 즉, 적극적으로 경청하려는 태도가 바로 격려의 첫 출발인
것이다. 적극적인 경청이란 다른 사람의 이야기에 전적으로 동감
하며 그들의 아픔과 좌절에 동참하는 것을 의미한다. 그때에 비
로소 당신은 다른 사람을 진정으로 격려하는 리더가 될 것이다.

신입 비서 시절

1. 저는 사장님이 10만 원을 주시면서 "신권으로 바꿔 와." 하신 걸 '식권'으로 바꿔 오라는 걸로 잘못 듣고 식권 40장을 사 간 적이 있습니다.

2. 사장님이 "차 대기시켜." 이랬는데, 커피 달라는 줄 알고 커피 끓여 들어갔죠.

3. 저도 "카피해 달라"시는 말씀을 "커피 달라"는 줄 알고 열심히 타다 드렸지요.

4. 저 역시 초보 시절, 손님이 세 분 오셨는데 "여기 커피 한 잔 줘요." 하시길래 진짜 달랑 한 잔 갖다 드렸습니다.

5. 골프채 뒤에 손잡이 있지요? 그걸 샤프트라고 하는 모양인데 그걸 못 알아들어서 기획실까지 가서 샤프 빌려다 드린 적 있습니다. 그것도 외국 바이어 있는 자리에서요. 사장님 뒤집어지더군요.

6. 사장님이 외부에서 전화해서 "나 사장인데 ○○○ 바꿔 봐요." 이렇게 말씀하셨는데 다른 임원한테 "나사장입니다." 라고 바꿔 줬다는…….

7. 국장님이 외근 중이실 때 누가 "시지브에서 전화 왔었다고 전해 주소." 하길래 국장님이 들어오시자마자 "국장님 씨지브이(CGV)에서 전화 왔었습니다." 했습니다. 국장님이 "씨지브이? 거기가 어딘데?" 하시길래 "극장요." 했더니 어리

둥절해하시더군요. 알고 보니 그 전화는 (김해)시지부였더랬습니다.

8. 회장님 친구분이 돌아가셨는데 회장님께서 발인이 언제인지 물어보라 하셨죠. 그래서 전화를 해가지고 "안녕하세요? 이 회장님실입니다. 고인 발기(?)가 언제인지?" 전화받은 상대 비서, 묵묵부답.

9. 화장실과 모시는 분이 있는 곳이 같은 공간인지라 관리를 해야 했는데, 두루마리 화장지가 거의 떨어져 간 걸 깜박한 거죠. 모시는 분이 화장지 확인도 안 하시고 큰일 보시고 외출 후 화장실 문을 열어 보고 쓰러질 뻔했죠. 샤워기가 내려가 있더이다.

10. 사장님이 "가위 좀 가져와." 그러셨는데 과일을 열심히 깎아 드렸죠.

11. 거래처에서 전화가 와서 전화받는 분이 "미스 누구죠?" 하길래 저는 애 엄마라서 그냥 "저 미스 아닙니다." 그랬더니 상대방 왈 "아~ 미스 안, 잘 부탁해요." 이러지 뭡니까 그래서 아무 말도 못했지요.

12. 남자 친구에게 전화한다는 것을 사장님께 전화를 했죠. 잘 잤느니, 출근은 잘했느니, 목소리가 왜 바뀌었냐, 보고 싶다느니……. 한 3분 정도 이야기하다가, 전화기에 뜬 전화번호 보고 기절할 뻔했죠.

13. 초보 때 외부에서 전화 와서 사장님 찾으시길래 옆의 분한

테 물었더니 "댁으로 가셨어." 하길래 "대구로 가셨다는데
요." 했답니다. 사무실 뒤집어졌지요.

분위기를 이끄는 상황 유머

아무리 재미있는 유머라 할지라도 상황에 맞지 않으면 뜬금없는 얘기가 되어 분위기가 썰렁해지고 만다. 따라서 상황에 맞는 유머를 구사하는 것이 중요한데, 이를 위해서는 일상생활 중에 일어나는 여러 에피소드들을 잘 기억해 두는 것도 한 방법이다. 우리 인간의 삶 자체가 유머이므로, 관심을 갖고 사람들의 대화나 행동을 관찰하면 유머의 소재가 무궁무진하다는 것을 알게 될 것이다.

대부분의 강의나 발표는 그 자리에서 바로 하는 것이 아니라 며칠 여유를 두고 준비하는 시간을 가질 수 있으므로, 이때 준비를 충실히 하면 잘할 수 있게 된다. 즉석 애드리브(ad lib)가 아닌 준비된 애드리브이기 때문이다.

그리고 무엇보다 중요한 것은, 단지 많은 유머를 알고 있다고 해서 어디서든 사람들을 웃게 만들 수 있는 것은 아니라는 점이다. 그것을 일상생활에 접목시켜 사용하는 것이 습관이 되어야만 자신만의 유머를 구사할 수 있게 될 것이다.

일상생활 속에서 가장 부담 없이 나눌 수 있는 대화는 날씨와 관련된 것이 아닌가 싶다. 처음 만난 사람이나 서먹서먹한 자리에서 날씨와 관련된 인사말을 건네며 이야기를 시작하면 일단 어색함을 줄일 수 있다. 날씨는 지구상에 사는 모든 인간의 공통 관심사이기 때문이다.

"오늘은 마치 봄날처럼 따뜻하네요. 왠지 좋은 일이 있을 것 같지 않아요?"

이와 같은 단순한 인사말에다 유머까지 곁들인다면 금상첨화일 것이다.

"안녕하세요? 날씨가 새색시 같네요. 부끄러운 듯 햇빛을 얼른 내놓지 못하고 흐린 것을 보면……."

날씨 이외에도 자연 현상이나 가정에서 일상적으로 일어나는 일들, 즉 의식주 문제, 부부간에 생길 수 있는 일이나 천진난만한 아이들의 행동 등이 모두 유머의 소재가 될 수 있다.

또한 건강이나 나이, 취미, 종교, 성(性)과 관련된 유머도 적지 않다. 아울러 학교나 직장에서 일어나는 일이나 직업과 관련된 문제를 유머로 발전시키면 삶 자체의 무거움을 털어 버리고 보다 가벼운 마음으로 받아들일 수 있게 될 것이다.

상황에 따른 유머를 적시에 사용하여 주변을 웃게 하면 생활에 활력이 생기고 서로에 대한 이해의 폭이 넓어지기 마련이다. 그래서인지 유머를 잘 구사하는 사람이 있는 모임이나 단체는 어딜 가든 활기를 띠고 잘 유지되어 나간다. 그것은 모임이나 단체뿐 아니라 가정이나 직장 등에서도 마찬가지다.

　일상생활 중에 일어나는 일이나 실수가 유머가 되는 예들을 익혀 두었다가, 상황에 따라 적절히 응용해서 사용해 보면 어떨까?

친구와 술을 먹을 때 떠오르는 유머 ★👆

　어느 날 친구와 밤새도록 술을 먹고 지하에서 나오니 달이 환하게 빛나고 이었다.

　"달도 밝다!"

　하니까 친구가,

　"너 술 취했구나? 저것이 '해'이지 '달'이냐?"

　하며 우겨 댔다. 그래서 그럼 지나가는 사람에게 물어보자 하고 길 가는 사람에게 물었다.

　"저것이 '달'인가요, '해'인가요?"

　그러자 길 가는 사람이 대답했다.

　"미안합니다. 제가 이 동네에 살고 있지 않아서 잘 모르겠습니다."

어린 시절이 그리울 때 떠오르는 유머 *👆

어머니가 내려다보니, 여덟 살짜리 큰딸이 여섯 살짜리 동생을
자기들이 하는 놀이에 끼워 주지 않고 있었다.

"얘, 너는 어째서 동생을 데리고 놀지 않니?"

"너무 어려서 판을 깨니까 그렇죠."

"제발 참을성 있게 잘 데리고 놀아라."

얼마 후에 어머니가 다시 내려다보니 작은딸이 여전히 언니들
의 놀이에 끼지 못하고 한쪽 구석에 앉아 있었다.

어머니가 작은딸에게 물었다.

"널 놀이에 끼워 주지 않던?"

"아냐, 엄마. 난 가사도우미인데 오늘은 쉬는 날이야."

고객 때문에 스트레스 받을 때 떠오르는 유머 *👆

심통을 잘 부리는 환자가 진찰을 받으러 병원에 갔다.

의사 : 어디가 편찮으세요?

환자 : 어디가 아픈지는 의사가 찾아야 하는 거 아니에요?

의사 : 음…… 그럼 수의사에게 가 보셔야 할 것 같습니다.

환자 : 아니, 사람이 아픈데 수의사한테 가라고요?

의사 : 네. 아무것도 묻지 않고 진찰하는 사람은 수의사밖에 없

거든요.

잘난 척하는 친구 때문에 스트레스 받을 때 떠오르는 유머 *👆

늘 비실거린다고 상일이한테 구박만 받던 태석이가 멋진 몸을 만들기 위해 헬스장을 다니며 열심히 근육을 키웠다.

어느 날 태석이의 멋진 근육을 보고 놀란 상일이도 근육을 키우겠다고 태석이가 다니는 헬스장을 다니기 시작했다. 그로부터 며칠 후, 상철이는 헬스장에서 운동을 즐기는 태석이를 보고 살짝 질투가 나 시비를 걸었다.

상일 : 야, 운동 하냐?

이제 힘도 키운 태석이는 더 이상 상일이에게 당하지 않겠다고 생각하며 한마디 날렸다.

태석 : 아니거든. 실내화거든!

말귀를 못 알아듣는 사람이 답답하게 여겨질 때 떠오르는 유머 *👆

할머니가 돈을 찾으러 은행에 갔다. 청구서에 도장을 찍어 내밀자, 은행원이 말했다.

"할머니, 청구서 도장과 통장의 도장이 다릅니다. 통장 도장을 갖고 와야 합니다."

그러자 할머니는 통장을 은행원에게 맡기고 집으로 갔다. 그러고는 은행 문을 닫을 시간이 다 되어서야 헐레벌떡 달려와서 말했다.

"아가씨, 통장이 어디 가고 없어서 그러는데 반장 도장으로는 안 될까?"

누군가가 싸우고 있을 때 떠오르는 유머 ★👆

한 소년이 경찰에게 급하게 전화를 했다.

소년 : 거기, 경찰서 맞죠?

경찰 : 네, 맞습니다. 무슨 일이죠?

소년 : 경찰 아저씨, 빨리 와 주세요! 우리 아빠가 30분 전부터 깡패랑 싸웠어요!

경찰 : 30분 전? 그러면 왜 일찍 전화하지 않았니?

소년 : 전화하기 전에는 우리 아빠가 이기고 있었거든요.

아내의 잔소리가 듣기 싫을 때 떠오르는 유머 ★👆

갑자기 몸이 아픈 아내를 데리고 남편이 병원에 갔다. 의사는 들어오자마자 환자의 입에 체온계부터 물렸다. 한참 후 체온계를 확인한 뒤에 의사는 병실 문을 나섰다. 그러자 남편이 다급한 얼굴로 의사를 쫓아와 물었다.

"의사 선생님, 방금 우리 집사람 입에 물린 거 하나에 얼마나 하나요? 하나 사려고요."

"아니, 왜 그러시죠? 평소에도 아내분의 건강을 체크해 주시려고요?"

"아, 아니요. 아까 그게 지금까지 아내의 입을 가장 오래 다물게 한 거라서요."

아내에게 스트레스 받을 때 떠오르는 유머 ★👆

백화점에서 한 남자가 섹시하고 예쁜 여성에게 접근했다.

"아가씨, 잠깐만 시간 좀 내주시겠어요?"

"왜 그러시는데요?"

남자가 주위를 두리번거리며 말했다.

"여기에서 아내를 잃어버렸는데, 제가 자기보다 예쁜 여자하고 말을 나누려고 하면 없어졌던 아내가 귀신같이 나타나거든요."

아내의 부탁을 거절하고 싶을 때 떠오르는 유머 ★👆

어느 무더운 여름날, 한 부인이 친한 친구를 만났다. 친구는 예쁜 망사지갑을 들고 나왔는데 부인은 그게 그렇게 부러울 수가 없었다.

'그래, 여자라면 저런 지갑 하나쯤은 가져야지!' 하는 생각에 그날 밤 남편에게 졸랐다.

"여보, 나도 망사지갑 하나 사 주면 안 될까?"

계속 조르는 아내의 성화에 경상도 남편이 한마디 했다.

"와? 돈이 덥다 카드나?"

아내에게 다이어트를 권하고 싶을 때 떠오르는 유머 ★👆

신문을 보던 남편이 투덜거렸다.

남편 : 이놈의 주식, 또 떨어졌잖아! 괜히 투자를 해 가지고…….

그러자 옆에 있던 아내도 투덜거렸다.

아내 : 나도 속상해요. 다이어트를 했지만 아무 효과가 없으니…….

그러자 신문을 덮은 남편이 아내의 몸을 쳐다보며 힘없는 목소리로 말했다.

남편 : 내가 투자한 것 중에서 두 배로 불어난 건 당신밖에 없어.

아내가 마음에도 없는 소리를 할 때 떠오르는 유머 *👆

 남편의 종합 건강진단을 받기 위해 한 부부가 병원을 함께 찾았다. 그리고 검사가 끝난 뒤, 의사는 그 아내를 불러서 말했다.
 "만약에 지금부터 내가 지시하는 사항을 따르지 않으면 당신의 남편은 죽게 될 것이오. 첫째, 당신은 매일 아침 당신의 남편에게 맛깔스런 건강식을 주어야 합니다. 둘째, 당신은 매일 점심 때마다 당신의 남편에게 균형 잡힌 식단을 짜 주어야 합니다. 셋째, 당신은 남편에게 집안일로 정신적인 스트레스를 주는 잔소리를 삼가야 합니다. 넷째, 당신은 남편에게 짜증을 내거나 화를 내거나 잔심부름을 시키면 안 됩니다. 다섯째, 당신은 집안을 항상 깨끗하게 청소를 해 두어야 합니다. 그렇지 않으면 당신 남편은 죽을 것입니다."
 아내와 함께 차를 타고 집으로 돌아가는 길에 남편이 아내에게 의사가 뭐라고 하더냐고 물어보았다.
 그러자 아내가 남편에게 퉁명스럽게 말했다.
 "당신이 곧 죽을 것이니 마음의 준비를 하래요."

많이 먹는다고 눈총 받을 때 떠오르는 유머 *👆

대식가로 유명한 쇼펜하우어가 어느 날 호텔 식당에서 식사를 하고 있었다. 그가 2인분의 식사를 시켜서 혼자 먹는 걸 보고 옆자리에 있던 손님이 들으라는 듯이 중얼거렸다.

"어머! 세상에 혼자서 2인분을 먹는 사람도 있구먼!"

그러자 그 말을 들은 쇼펜하우어가 손님을 향해 정중한 눈인사를 하면서 이렇게 말했다.

"물론 나도 그런 사람 중의 하나입니다. 그렇지만 그 대신 나는 항상 2인분의 생각을 하지요."

부부간 사이가 서먹할 때 떠오르는 유머 *👆

아내 : 여어~봉~. 당신은 왜 내 사진을 항상 지갑 속에 넣고 다녀?

남편 : 응. 아무리 골치 아픈 일이라도 당신 얼굴을 보면 씻은 듯이 잊게 되거든.

아내 : 당신에게 내가 그렇게 사랑스럽고 중요한 존재인가 봐?

남편 : 그럼! 당신 사진을 보면서 나 자신에게 '이보다 더 큰 문제가 어디 있을까?'라고 얘기하거든.

아이들이 어른들의 거울이란 것이 느껴질 때 떠오르는 유머 ★👆

남편이 손님들을 식사에 초대했다. 식탁에 모두 둘러앉자, 아내가 여섯 살 된 딸을 보고 말했다.

"오늘은 우리 예쁜 딸이 기도해 주겠니?"

딸이 대답했다.

"난 뭐라고 해야 하는지 모른단 말이야!"

"엄마가 하는 소리 들었잖아. 그대로 하면 되는 거야."

그러자 딸은 고개를 숙이더니 기도했다.

"오, 주여! 어쩌자고 이 무더운 날에 사람들을 불러다가 식사를 대접하게 하셨나이까?"

어처구니없을 정도로 순진한 아이를 볼 때 떠오르는 유머 ★👆

학교 교무실로 한 통의 전화가 걸려왔다.

"3학년 1반 담임 좀 부탁합니다."

잠시 후 3학년 1반 선생님과 전화가 연결되었다.

"선생님, 어쩌죠? 우성이가 너무나 많이 아파서 학교를 못 갈 것 같은데요."

"많이 아픈가 보군요. 몸조리 잘하라고 전해 주세요. 그런데 전화하시는 분은 누구세요?"

"저는 우리 아빠입니다."

아들이 술을 자주 마시며 속상하게 할 때 떠오르는 유머 ★👆

아들이 하도 술을 많이 마시고 들어오니 아빠가 한마디 경고를
했다.

"야, 이 자슥아. 앞으로 술을 또 그렇게 마시고 들어오면 다신
안 볼 거다."

그렇게 말했는데도 아들은 다음 날 또 술에 취해 몸을 가누지
못했다.

"너 그렇게 술을 마시고 다니면 이 집을 물려줄 수가 없어. 알
겠지?"

"아빠! 나도 이렇게 빙글빙글 도는 집은 필요 없어요."

천진난만한 아이의 모습을 볼 때 떠오르는 유머 ★👆

초등학교 4학년 영희가 초등학교 2학년인 동생 철수와 함께 텔
레비전을 보고 있었다.

그런데 텔레비전에서 화가가 누드모델을 그리는 장면이 나오
는 것이었다. 좀 쑥스럽고 멋쩍은 듯한 모습으로 영희가 물었다.

"도대체 왜 화가들은 여자를 벗겨 놓고 그리는 걸까?"

그러자 철수가 당당하게 대꾸했다.

"아니, 누나는 그것도 몰라? 화가들이 옷을 그리는 게 더 어려우니까 그렇지!"

자녀가 대답하기 난처한 질문을 할 때 떠오르는 유머 ★👆

민호를 앉혀 놓고 아빠가 말했다.

"짜샤, 너만 한 나이 때 아빠는 책을 읽지 않은 날은 밥도 먹지 않았어. 그리고 선생님이나 부모님 말씀은 하늘처럼 알고 실천했단 말이야."

"아빠, 그런데 참 이상해요."

"인마, 뭐가 이상해?"

"그런 사람은 커서 위대해진다는데 아빠는 지금 놀고 있잖아요!"

"위대하긴 하잖아. 많이 먹잖니?"

남편이 미워질 때 떠오르는 유머 ★👆

네 살배기 준이가 엄마와 함께 지하철을 탔다. 지하철 안에는 꼬마들의 장난으로 몹시 시끄러웠다. 준이 엄마는 아들에게 공

중도덕에 대해 가르칠 생각으로 물었다.

"준아, 엄마가 어떤 사람이 제일 싫다고 했지?"

잠시 생각을 하던 준이가 큰 소리로 말했다.

"아빠요!"

연인이 무심하게 대할 때 떠오르는 유머 ★👆

만난 지 일 년쯤 되는 두 연인이 대화를 나누고 있었다.

여자가 남자에게 말했다.

"자기야! 난 자기 없으면 단 하루도 못 살 것 같은데, 자기는?"

그러자 남자가 대답했다.

"응. 나도 나 없이는 하루도 못 살아!"

엉큼한 남자를 한 방 먹이고 싶을 때 떠오르는 유머 ★👆

미모의 아가씨가 할머니와 함께 옷을 사러 옷가게에 갔다.

아가씨 : 아저씨! 이 옷 한 벌에 얼마예요?

주인아저씨 : 그 옷 한 벌 정도는 뽀뽀 한 번만 해 주면 그냥 드
릴 수도 있습니다.

아가씨 : 어머! 정말이세요?

주인아저씨 : 네, 정말입니다.

아가씨 : 그럼 다섯 벌 주세요.

웃으면서 주인아저씨가 아가씨에게 말했다.

주인아저씨 : 여기 있습니다. 그럼 이제 뽀뽀 다섯 번 하셔야죠?

그러자 아가씨가 말했다.

"계산은 할머니가 하실 거예요!"

LET'S GO SUCCESS

Chapter 4

유머 마케팅을
활용하라

돈을 부르는 유머 마케팅

요즘 어려운 상황에서도 호황을 누리는 기업들이 있다. 그 요인이야 기업 내에서 유무형의 여러 가지가 있겠지만, 공통적으로 사람들이 말하는 것은 조직 간의 화합하는 분위기와 일하기 즐거운 일터이다.

우리 삶을 원활하게 해 주는 윤활유 역할을 하는 것이 바로 유머와 웃음이 아닐까 한다. 간혹 "일 잘되고 돈 많이 벌면 되는 것 아냐?" 하고 말하지만 일단 먼저 내가 즐거워야 일의 능률도 오르고 그래야 더 열심히 일할 것이 아닌가? 특히 조직에서 리더가 웃는 얼굴이면, 나머지 구성원들도 기분 좋게 일에 임하는 것은 어쩌면 당연한 일이다.

경영에 웃음을 도입한 기업들은 얼마 지나지 않아 매출이 오르고 직장 내 활기가 느껴지기 시작했다고 이구동성으로 말한다. 또한 직원들의 활기는 고객과 연결되고, 그것이 바로 매출을 상승시키는 결과를 가져왔다고 한다. 고객이 매장을 방문할 때 분위기가 가라앉은 곳을 찾을 것인가, 아니면 활기와 웃음이 넘치는 곳을 찾을 것인가에 대해서는 더 이상 말할 필요가 없을 것이다.

한 기업에서는 스트레스를 받을 때마다 신나게 춤을 출 수 있도록 회사 내에 DDR을 설치해 놓는가 하면, 어느 제과회사에서는 타이트한 복장으로 인한 스트레스를 줄이려고 자유로운 복장으로 출근하게 한다고 한다. 스트레스를 줄여야만 자연스럽게 웃을 수 있고 신나게 일을 할 수 있기 때문이다.

신나게 일을 했느냐 하기 싫은 것을 억지로 했느냐에 따라 결과가 판이하게 달라진다는 것도 두말할 필요가 없을 정도로 모두가 잘 알고 있다. 이제는 유머 경영을 통해 웃음이 없는 개인이나 기업이 활기를 찾고, 불경기를 불(火) 같은 경기로 바꾸어야 할 시대인 것이 분명하다.

웃음은 비즈니스에서 가장 기본적인 두 가지, 매출을 늘리고 비용을 줄여서 손익 결산을 흑자로 만든다. 그래서인 요즘의 TV 광고는 앞다투어서 재미있는 광고를 만드느라 혈안이 되어 있는 것 같다.

그럴 수밖에 없는 것이 재미가 있어야 광고를 보고, 그렇게 인지된 회사와 제품이 마치 우리 삶의 일부처럼 느껴지기 때문이다. 재미가 없으면 사람들은 보지도 않지만, 설사 봤더라도 기억도 하지 못한다.

기업에서 유머 있는 사람을 뽑는 이유 ★👆

우리는 웃음을 비즈니스의 손익 결산을 위한 도구로 생각하도록 사고방식을 전환해야 한다. 자동차를 좀 더 부드럽고 능률적으로 달리게 만드는 윤활유처럼 '웃음'은 우리가 효과적으로 고객들을 만날 수 있도록 도와주는 '사교 윤활유'인 것이다.

우리는 재미있게 웃으면서 일을 할 때 진짜 일을 한다는 느낌에 사로잡힌다. 목표를 향해 나아가면서 그 과정 또한 즐길 수 있기 때문이다. 그래서 유머의 대가 조엘 굿맨은 말한다.

"재미란 손익 결산과 눈가의 주름살의 수가 일치하는 것."

돈을 벌어들이는 웃음이라는 도구는 삶을 살아 볼 만하게 만들고, 일을 더 재미있게 하면서 돈을 당신의 주머니로 굴러 들어오게 한다.

또 어떤 이는 "아무리 먼 길이라도 즐거운 여행은 한 번 웃는 것으로 시작한다."고 말한다. 사람을 만나기 전에 입을 크게 벌려 힘차게 한 번 웃어 보자. 그런 다음 환하게 웃는 자신의 얼굴을 떠올려 보자. 그리고 상대방의 환한 미소를 머릿속에 그리면서 출발하면 웃음의 놀라운 효과를 실감할 수 있을 것이다.

이제 누군가를 만나야 할 일이 있거나 사무실에 일이 쌓여 있다면, 먼저 웃고 나서 시작해 보면 어떨까 싶다. 물론 영업사원이 고객을 만날 경우, 반드시 좋은 일만 있는 것은 아니다. 간혹 계약을 취소하거나 구입한 물품을 반품하겠다는 고객을 만날 때가 있는데, 이때 시시비비를 가리다가 감정싸움이 일어나기도 한다.

이때 원칙만을 고수하는 영업사원은 다시는 볼일이 없을 것처럼 극단적으로 대응하여 관계를 악화시키는 경우가 적지 않다. 하지만 유머 감각이 있는 영업사원은 재치 있는 유머로써 여유 있게 대응하여 파기된 계약을 다시 성사시키거나 훗날을 기약하는 잠재 고객으로 관계를 호전시키기도 한다. 이것이 기업에서 유머 있는 사람을 뽑는 이유가 아닐까 싶다.

냉장고는 온대 기후에선 음식을 차갑게 하는 용도로 쓰이지만, 냉대 기후에선 음식을 따뜻하게 보관하는 용도로도 쓸 수 있다. 고정관념을 깬 유머의 소유자만이 생각할 수 있는 유연한 사고다. 이러한 유연함과 융통성은 어떤 일을 하거나 적응력을 높여주는 성공의 필수 요소이며, 유머를 통해 성취할 수 있다.

기업 경쟁력의 원천, 펀(fun) 경영 ★👆

잘 노는 사람이 일도 잘한다고 한다. 미친 듯이 잘 노는 사람은 일을 할 때도 몰입도가 높기 때문인 듯싶다.

최근 직장 내 펀(fun) 문화가 업무 효율 향상과 직원들의 일체감 형성을 위한 중요한 키워드로 자리 잡고 있는데, 펀(fun) 경영이 특별한 주목을 받고 있는 배경에는 기업의 내외적인 몇 가지 환경 변화가 한몫하고 있다.

먼저, 기업 경쟁력의 원천이라고 할 수 있는 '창의성'이라는 요소의 비중이 갈수록 커지고 있다는 것이다. 창의성을 요구하는 일은 딱딱하고 기계적인 환경에서는 불가능하다. 유연하면서도 흥미를 돋우는 업무 환경, 곧 일의 재미를 강조하는 분위기가 조성되어야 효과적이다.

두 번째로, 인력 시장이 변화했다. 인력 유동성이 확대되고 젊고 유능한 인재들이 대거 포진하면서 과거의 단순 반복적인 일을 하는 재미없는 기업문화 풍토에서는 더 이상 인재가 남아 있을 이유가 없게 된 것이다.

환경이 이렇게 변한 상황에서 펀(fun)을 접목시킨 기업은 조직을 유연하게 탈바꿈시켰고, 그러한 분위기가 기업이 거듭나는 데 큰 힘이 되고 있다.

유연한 사고를 갖고 창의성을 증대시키는 데 '웃음'이 효과적이라는 것은 많은 연구 결과와 사례가 입증하고 있지만, 우리는 아무 때나 이유 없이 웃지 말라는 교육을 알게 모르게 받아 온지라 얼굴에 환한 웃음을 머금고 있으면 '무슨 좋은 일 있냐?'는 질문을 받거나 실없는 사람 취급을 받기도 한다.

그러나 그 웃는 얼굴을 보고 기분 나빠할 사람은 없을 테니 염려할 필요가 없다. 웃는 표정의 사람들이 차츰 늘어나면, 언젠가는 웃지 않고 뚱한 표정을 지은 사람을 보고 도리어 고개를 갸웃거릴 것이 분명하다. '어디 아픈가?' 하고 걱정하면서…….

잘 웃는 것도 능력이고, 잘 웃기는 것도 능력이다. 또한 웃음의 가치는 그 어떤 것과 비교할 수 없을 정도로 귀한 것이며, 아무리 큰돈을 치르고도 살 수 없는 것이다.

만약 잘 웃고 싶고, 웃기는 능력까지 꼭 갖고 싶다면 부단히 노력하고 훈련해서 자신의 것으로 만드는 수밖에 도리가 없다. 그러기 위해서는 눈뜰 때부터 잠들 때까지 웃는 연습을 해야 한다. 그래야만 자연스럽게 미소를 지을 수 있고, 가족이든 고객이든 동료든 간에 기분 좋게 대할 수 있기 때문이다.

유능한 리더의 첫 번째 조건, 열린 마음 ★🖐

딱딱한 조직에 활력을 불어넣어 생산성을 높이는 역할을 유머가 해내고 있다. 구성원들에게 권위주의의 산물인 엄격한 질서만을 요구하는 리더는 요즘 거의 볼 수 없지만, 만약 아직도 그런 리더가 있다면 그는 절대로 직장을 즐거운 일터로 만들지 못할 것이다.

유능한 리더가 되기 위해서는 여러 조건을 갖춰야 하지만, 우선적으로 '열린 마음'을 가져야 한다. 리더가 아침에 유머 한마디를 친근하게 던짐으로써 유쾌하게 웃으며 하루를 시작한다면, 구성원 전체가 그날 종일 기분 좋은 상태에서 일할 수 있을 것이다.

이러한 펀(fun) 경영을 도입하여 실천한 기업들은 직장 내에 화기애애한 분위기가 조성되어 구성원들 간에 인간관계가 돈독해졌으며, 그러다 보니 구성원들이 협력해서 해야 되는 업무 능력이 향상되었다고 말한다.

또한 애사심이 현격하게 고취되었으며, 직원들의 활기가 고객 감동으로 이어져 매출이 2~3배 상승한 것은 물론이고 반품률이 현저하게 저하되었다고 한다.

아울러 직원들의 스트레스가 줄어들어 조퇴 및 결근율이 저하되었다고 하는데, 회사에서의 생활이 즐거우면 조퇴나 결근이 줄어드는 것도 당연한 일일 것이다.

장례식 때 듣고 싶은 말

교통사고로 죽은 세 사람이 하늘나라로 가는 길에 같은 질문을 받았다.

"장례식 때 당신의 관 앞에서, 친구나 가족들이 슬퍼하면서 당신에 대해 뭐라고 말하는 것을 듣고 싶소?"

첫 번째 사람이 말했다.

"저는 아주 유능한 의사였으며 훌륭한 가장이었다는 이야기를 듣고 싶습니다."

두 번째 사람이 말했다.

"저는 아주 좋은 남편이었으며 아이들의 미래를 바꾸어 놓은 훌륭한 교사였다는 말을 듣고 싶습니다."

마지막 사람은 더욱더 진지하게 말했다.

"저는 '앗! 관이 움직인다! 살아난 게 분명해!'라는 이야기를 듣고 싶습니다."

그가 눈물을 흘린 까닭은

어떤 사람이 신문을 손에 쥔 채 통곡하고 있었다. 그 신문에는 백만장자 로스 차일드가 죽었다는 기사가 씌어 있었다.

'아, 당대의 부호 마침내 돌아가다. 거부는 다시 돌아오지 않는다!'

이것을 옆에서 보고 있던 사람이 위로하며 말했다.

"정말 그렇긴 하지만 당신은 로스 차일드의 친척도 아니고, 아무것도 아니지 않소?"

그러자 울고 있던 사람이 대답했다.

"그것이 슬프단 말입니다."

회의 방식도 Fun하게 바꿔라

기업에서 정보를 공유하거나 안건을 논의하고 문제를 결정할 때 가장 많이 활용되는 방법이 회의이고, 구성원들은 누구나 다 이런저런 회의에 참석한다. 특히 임원이나 관리자들은 자기 시간의 상당 부분을 회의에 할애한다.

그럼에도 불구하고 회의가 얼마나 생산적인지, 업무에 얼마나 도움이 되는지에 대해서는 많은 구성원들이 의문을 제기한다. 심지어 어떤 구성원들은 도대체 회의를 왜 하는지 모르겠다며 냉소적인 태도를 보이기까지 한다.

"회의하는 장소를 '회의실(boardroom)'이라고도 부른다. 그 이유는 회의에 참석한 사람들 대부분이 지겨워하기(bored) 때문이다."

이렇게 이야기하는 사람이 있을 정도로, 사각형 방의 사각형 책상 앞에 앉아서 회의를 하다 보면 분위기가 딱딱해져 지루함을 느끼기 쉽다. 회의를 하는 이유는 대개 어려운 상황에서 벗어나 좀 더 나은 방법을 모색하기 위함일 터인데, 사각형 상자(box) 안에 들어앉아서 난처한 상황(box)에서 벗어나기를 바란다는 것도 아이러니가 아니겠는가.

회의는 모든 구성원들이 적극적으로 참여해서 솔직하고 활발하게 의견을 주고받으며 문제를 해결할 방안을 마련하거나 일에 대한 의욕을 재충전할 수 있는 기회이다. 그럼에도 불구하고 구성원의 대부분이 입을 다물고 앉아 있는 가운데 몇 사람의 이야기로만 회의가 진행된다면, 굳이 다수가 모이는 회의를 할 필요가 없을 것이다. 그런 회의는 도리어 구성원들에게 스트레스만 가중시키므로 과감하게 바꾸어야 한다.

특히 리더는 구성원들의 창의성과 열정, 책임감 그리고 한번 해 보자는 분위기가 넘치는 회의 분위기를 만들기 위해 노력해야 한다. 구성원들이 하나둘씩 모이면 웃음과 활력이 저절로 넘치는 회의 분위기가 조성될 때, 독창적인 아이디어는 물론 끝까지 해내겠다는 사기와 책임감도 자연스럽게 높아지기 때문이다.

회의 분위기가 무겁고 딱딱하면 평소 갖고 있던 좋은 아이디어도 잘 생각나지 않을 뿐 아니라, 아이디어라는 것이 준비되어 있다가 바로 튀어나오는 것이 아니기 때문에 입을 다물고 조용히 앉아 있을 수밖에 없게 된다. 사전 준비를 아무리 많이 한다고 해도 회의 자체가 부담스러우면 준비한 것을 말하는 것도 어색하고 스트레스만 늘어날 뿐이다. 더구나 긴장하거나 스트레스를 받게 되면 두뇌 활동이 멎어 버린 듯, 정말이지 아무 생각도 나지 않는 경우도 없지 않다.

따라서 구성원들이 보다 솔직하고 자유롭게, 적극적으로 자신의 생각을 내놓을 수 있도록 하려면 무엇보다도 회의 분위기에 활력을 불어넣어야 한다. 회의를 진행하는 방식도 안건과 참석하는 인원에 따라 달라지겠지만, 늘 탁상에 둘러앉아서 하는 딱딱한 방식에서 벗어나 좀 더 자유롭고 편안한 분위기에서 회의를 진행하면 창의적인 생각이 보다 많이 오고 가지 않을까 싶다.

일리노이주에 있는 에이지아이(AGI) 사의 최고 경영자인 리차드 블록은 월례 회의를 시작할 때, 참가자들에게 자신을 가장 당혹스럽게 할 수 있는 질문을 하도록 제안한다. 그리고는 질문자 중에서 가장 당혹스러운 질문을 한 사람에게 간단한 시상을 하는 것으로 회의를 시작한다.

회의를 진행할 때 장난감을 가지고 노는 것으로 시작하는 회사도 있다. 일단 재미있으면 하고 있는 일 자체가 즐겁게 느껴지기 때문이다.

재미있는 회의 진행은 구성원들이 회의 주제에 대해 보다 창의적이고 도전적으로 접근할 수 있도록 이끌어 주며, 이때 구사하는 적절한 유머는 회의 분위기를 부드럽게 해 주는 훌륭한 촉진제 역할을 한다. 아무리 심각한 주제를 다루는 회의라도 분위기가 부드럽고 활기차면 구성원들은 저마다 다양하고 창의적인 의견들을 내놓기 마련이다.

구성원들의 창의력과 자발성을 키워 주는 리더가 되고 싶다면, 무엇보다도 먼저 회의 진행을 재미있고 활기차게 해 보면 어떨까.

케이프 항공의 사장 다니엘 울프와 MOCHa HAGoTDI ★👆

미국 내에 대규모 항공사와 합병하지 않은 지방 항공사로서 가장 큰 케이프 항공은 본사가 매사추세츠 케이프 코드에 있다. 한해 40여만 명의 승객을 실어 나르며 매년 플러스 성장을 거듭하고 있다. 그 비법이 무엇인지 살펴보도록 하자.

#1. 케이프 항공의 사장 다니엘 울프와 경영진은 "우리 고객을 아주 행복하게 만들어야 한다. 그렇게 해서 즐거운 시간을 보내라(Make Our Customers Happy. Have A Good Time Doing It)!"는 표어의 첫 글자를 따서 MOCHa HAGoTDI를 만들었다. 이 같은 철학 덕분인지 케이프 항공은 나날이 더 강해지고 더 많은 이익을 창출해 낼 수 있었다.

#2. 케이프 항공은 MOCHa HAGoTDI 철학을 세운 다음, 성공한 기업으로서 지역 사회의 예술과 문화를 발전시키고 싶어 했다. 그것도 매우 창의적인 방식으로.

케이프 항공은 주렉이라는 이름의 예술가를 뽑은 후 그에게 비행기를 내주고 마음대로 칠할 수 있는 권리를 주었다. 그리고 이 프로그램을 '비행예술'이라고 이름 붙였다. 특히 색상이 눈길을 끄는 이 예술 작품은 말 그대로 비행기를 온통 뒤덮었다.

분명 처음보다 승객이 두 배나 늘었다. 다른 항공사와 차별화된 이미지를 만들었고, 선전 효과도 대단했다는 점에서 엄청난 마케팅 이익을 냈다. 중요한 것은 창의적인 아이디어는 재미있는 환경에서 꽃핀다는 사실이다.

#3. MOCHa HAGoTDI 철학의 독특한 비즈니스 방식 덕분에 더 많은 승객들이 더 자주 케이프 항공을 이용하게 되었다.

케이프 항공 매표소를 거쳐 비행기에 올라 복도를 지날 때는 웃지 않을 수 없다. 예를 들면, 매표소에서는 탑승권 대신 사과, 오렌지, 바나나를 나누어 준다. 때가 되면 안내 방송이 들린다.

"바나나를 들고 계신 분들은 5번 출구로 오세요."

이 유머는 농담 한마디보다 더 효과적이며 오래간다.

#4. 다니엘 철학의 또 다른 효과는 신뢰가 쌓이는 것이다.

케이프 항공 사무실에서는 처음 봐서는 언뜻 이해하기 힘든 솔직함을 맛보게 된다. 마치 가족과 함께 있는 것 같은 느낌이 들어서, 완벽하지도 뛰어나지도 않지만 구성원들 사이에 믿음과 안락함이 있다. 케이프 항공은 승객도 이와 마찬가지로 대접한다.

#5. 다니엘의 철학의 마지막 효과는 낮은 이직률이다. 이직률이 낮으면 그만큼 직원 교육에 드는 비용이 적다는 뜻이며, 그 밖에 다른 효과도 많다.

일단 MOCHa HAGoTDI 철학이 적절하게 자리 잡으면 직원들이 따르도록 하는 것은 더 쉬워진다고 다니엘은 설명한다. 케이프 항공은 그 철학이 무엇인지, 그런 환경에서 누가 가장 일을 잘할지를 명확하게 알고 있다.

또 어떤 사람을 구해야 하는지 알기 때문에 인터뷰 과정도 바뀌었다. 평범하고 일반적인 질문 대신, 최근에 있었던 재미있는 일에 대해 말해 보라고 요구한다.

다니엘은 MOCHa HAGoTDI가 매우 섬세한 유머라고 강조한다. 그것은 즐거움에 대한 것이며, 인간을 창의적이고 유쾌하게 만드는 유머를 말하는 것이다. 또한 그것은 모험을 감행할 수 있는 안전한 환경, 자발성과 창의력, 재치를 양성하는 분위기를 말한다.

단, 주의할 것은 조직 내에서 적절한 유머를 정의하고 이해하는 것이 매우 중요하다는 점이다. 재미있고 유쾌하며, 대상은 있지만 그 대상이 사람이어서는 안 된다. 이 점은 아무리 강조해도 지나치지 않는다.

케이프 항공의 다음 계획은 무엇일까?

"할로윈에는 케이프 항공(Cape Air)에서 C자를 가려서 그날 하루 원숭이 항공(Ape Air)이 된다. 또 그날은 티켓을 파는 직원들에게 원숭이 복장을 입힐 것이다. 하지만 내년에도 원숭이를 기대하지는 마라. 이 아이디어를 제도화하지는 않을 테니까."

이렇게 말하는 다니엘은 늘 신선한 것을 원하며, 진부한 것은 딱 질색이라고 이야기한다. 진부한 것은 유머가 아닌 지루함을 주기 때문이다.

어느 심장 전문의의 특별한 장례식

심장 전문의가 죽자, 장례 절차가 마련됐다.

장례를 치르는 동안 관 뒤쪽에는 심장 전문의를 상징하는 커다란 하트(심장) 형상이 꽃에 덮인 채 서 있었다. 추도사가 끝난 후 그 하트가 열렸고, 그 속으로 관이 들어갔다. 잠시 후 의사는 그 아름다운 하트 속에 안치되었다.

바로 그 순간, 조문객 한 사람이 웃음을 터뜨렸다.

"죄송합니다. 제가 죽었을 때를 생각하다가 그만……. 저는 산부인과 의사거든요."

그러자 옆에 있던 항문 전문의가 말했다.

"그렇다면 나는?"

재미있는 곳으로 돈이 몰린다

식당 주인들의 센스 있는 문구가 손님들의 웃음보를 자극하고 있다.

김치-중국산, 쌀-베트남산 , 쇠고기-호주산, 주인-국내산

그것을 본 손님들이 한결같이 웃었다. 이렇게 웃으면 음식도 많이 팔릴 것이라고 생각한다.

어느 남자가 중국집에서 자장면을 시켜 맛있게 먹는데 바둑알이 나왔다. 입맛이 떨어진 손님은 '당장 주인 나오라'며 소리를 지르기 시작했다.

"이게 뭐야? 바둑알이잖아?"

그것을 조용히 듣고 있던 주인은,

"손님, 축하드립니다. 탕수육에 당첨되셨습니다."

이것이 바로 유머 감각이다. 실없는 소리로만 여겨 왔던 유머가 어느덧 '경쟁력'의 핵심 요소로 인정받는 세상이 된 것이다.

유머는 고객의 마음도 열게 한다 *👆

한국소비자 보호원이 500명의 여성을 대상으로 TV 홈쇼핑 시청에 대한 조사를 한 적이 있었다. 그 결과 TV 홈쇼핑을 통해서 물건을 사기 전에 품질을 비교하는 경우는 53.0%, 가격 정보를 확인하는 경우는 46.2%에 불과한 반면, 쇼핑 호스트의 설명이 구매에 영향을 준다는 대답은 77%나 되었다.

결국 세일즈의 생명은 세일즈맨이 고객의 잠재적인 구매 욕구를 얼마나 잘 자극하느냐에 달려 있다. 한번 생각해 보자. 반드시 필요하지는 않아도 세일즈맨의 능숙한 언변에 충동 구매한 적은 없었는지.

"입에서 살살 녹는 한우 드셔 보세요. 저도 고기가 입에서 녹는 느낌은 처음이에요"

이렇게 맛을 느끼게 하는 즐겁고 유쾌한 화법, 바로 구매 욕구를 유머가 끌어올리는 것이다. 유머는 고객의 욕구를 끌어올리는 마중물이다.

유머를 활용한 펀(fun) 마케팅이 새로운 소비와 마케팅 코드로 급부상하자, 콘셉트가 독특하고 재미있는 제품들이 속속 등장하여 고객의 욕구를 유발하고 자극시키고 있다.

톡톡 튀는 쇼핑몰 상호 인기 *🖐

　요즘 톡톡 튀는 이름의 쇼핑몰이 재차 각광받고 있다. 톡톡 튀고 재미있는 상호가 펀(fun) 마케팅에 매력을 보이는 1020세대에게 크게 어필할 수 있다는 인식에서다.

　'밀려오네'라는 말에 외래어적 느낌을 가미한 '밀리오레', 스페인어로 탁자라는 뜻을 가진 '메사', 24시간 열린 쇼핑몰이란 의미의 '헬로 APM'(AM과 PM의 조합), 가상의 공간에서 자신을 표현하는 애니메이션 캐릭터를 뜻하는 '아바타' 등은 대표적인 쇼핑몰이다.

　과거 재래시장이나 쇼핑몰의 이름이 '동대문 의류 도매시장', '남대문시장', '영동시장' 등 지역을 명료하게 알려 주는 평범한 이름이나, 특별한 이름도 없이 덩그러니 세워져 있던 것과 비교하면 엄청난 변화다.

　재래시장 내 쇼핑몰의 간판이 나날이 이국적이고 감각적으로 변하면서 재래시장의 이미지가 현대적이고 세련된 모습으로 탈바꿈하고 있다. 이는 90년대 후반부터 젊고 감각적인 주 소비자층을 끌어 모으기 위한 재래시장의 자구책이란 게 전문가의 중론이다.

　두타 쇼핑몰 대표는 "10여 년 전부터 쇼핑몰 간 경쟁이 치열해지면서 소비자의 머릿속에 각인되기 위한 쇼핑몰의 노력 또한 치열해졌다."며 "이에 쉽고 감각적이며 젊은 세대의 관심사에 주파

수를 맞춘 이름의 쇼핑몰이 늘어 가고 있다."고 설명한다.

　이는 최근 오픈했거나 오픈을 앞둔 쇼핑몰에서도 나타나는 현상이다. 명동의 '하이해리엇'이나 지난 동대문의 '라모도'도 이름으로 고급스럽고 이국적인 이미지를 강조한 경우다. 서울대입구역의 '에그옐로우'란 이름 역시 '노란 계란'의 이미지가 떠올라 기억하기 쉬운 데다 '노른자위 쇼핑몰이 되겠다.'는 경영진의 포부가 느껴진다. '패션 TV'는 직접 TV 속 패션모델이 되길 바라는 젊은 소비자의 바람을 담은 이름으로, 감각적이란 평가를 받고 있다.

웃음보 터지는 가게 이름 ★☝

　간판의 홍수시대인 요즘, 어지럽게 내걸린 간판 사이에서 'ㅇㅇ관'이니 'ㅇㅇ장'이니 하는 구태의연한 음식점 이름은 눈길을 끄는 것이 쉽지 않다. '원조집'이라거나 '전문점'처럼 전통을 강조한 이름도 이목을 끌지 못하기는 마찬가지다. 그래서 한 번 보더라도 강렬한 인상을 남기는 '튀는 상호'가 봇물처럼 쏟아지고 있다.

　'태풍은 불어도 철가방은 간다', '힘내라 동태찌개', '곧 망할 칼국수', '먹고 갈래 싸 갈래', '이 뭐꼬', '신꼬벗꼬'(니코보코의 패러디), 주유소(酒有所: 술이 있는 곳), 겹사돈(豚: 생고깃집), 돈방

석, 게 섯거라!(게 전문 음식점), 도리도리해(海: 해물 전문 음식점), 아이 러브 米(쌀집) 등……

화제를 모았던 '스타닭스'는 커피 브랜드 '스타벅스'를 패러디한 치킨집 이름이다. 이 집은 한 네티즌이 재미 삼아 찍어 인터넷에 올린 사진이 돌고 돌아 유명세를 타게 되었는데, 덕분에 오픈 3개월 만에 명물로 떠올랐다고 한다. 미술학도 출신 사장이 번뜩이는 예술가 기질을 십분 발휘한 결과였다.

"한 달 내내 고심해서 지은 이름이에요. 젊은 소비자에게 유쾌함과 재미를 선사하려면 패러디 상호가 좋겠다고 생각했죠. 그래서 아디다스를 패러디한 '아디닭스', 프라다를 패러디한 '프라닭' 등도 생각해 봤지만 역시 스타닭스만한 게 없더라고요."

이렇게 배꼽이 빠질 만큼 웃긴 이름이나 엽기적인 이름은 네티즌에게 곧바로 발견되어 온라인을 통해 퍼져 나가는 효과 때문인지 동종 업종의 다른 가게와 비교해 볼 때 많게는 30%까지 매출의 차이가 난다고 한다.

똑같이 튀는 이름이라도 '까불다 쫄딱 망했습니다', '앞으로 망할 삼계탕 집'과 같은 상호를 붙인 가게가 매출이 오르지 않고 있다면, 긍정적이고 밝은 표현으로 바꿔 보면 어떨까 싶다.

구멍가게도 펀(Fun)마케팅 바람

호프 전문 프랜차이즈 업체인 가르텐비어 가맹점은 천편일률적인 맥주잔 대신 본사가 개발해 공급하는 독특한 맥주잔을 사용한다. 기다란 것이 특징인데 이벤트용 잔으로 한 번에 다 마시면 음식값을 받지 않는다.

서울 인사동의 바닷가재 요리 전문점. 직접 서빙을 하는 주인은 늘 최신 유머로 무장하고 있다. 손님이 주문한 바닷가재 요리를 가져온 뒤 가장 맛없는 부분은 남자 손님에게 준다. "맛없는 걸 여자분에게 주면 되겠느냐."는 멘트와 함께.

기발한 아이디어로 재미를 주는 마케팅이 구멍가게까지 확산되고 있는 것이다. 고객에게 즐거움을 주는 마케팅은 종류도 다양하다. 구멍가게들이 가장 자주 애용하는 방법은 기발하고 독특한 상호로 실소를 자아내는 방법이다.

'자세돈'이라는 점포는 돼지고기 전문점을 연상시키지만 실제로는 전통음식점의 상호다. 거꾸로 읽으면 '돈세자'이다. '마님은 왜 돌쇠에게만 쌀밥을 주시나'라는 이름의 가게는 느낌대로 전통음식점이다.

진짜루, 봉주루는 중식당에서, 코스닭, 아디닭스, 닭더한 등은 치킨집 이름이다.

메뉴 이름도 기발하다. 경기도 의왕시에 있는 한 보리밥 전문점. 식사 메뉴는 '배뽈록', 반찬 메뉴는 '밥도둑'이다. 주류 메뉴는 '알딸'이다.

서울 강남역에 있는 기린비어페스타에는 '폭탄 주먹밥'이 있는데 폭탄처럼 둥근 밥에 심지를 꽂아 놓은 모양새를 한 메뉴가 인기다.

판촉 전략도 유머 마케팅에서 빼놓을 수 없는 요소이다. 해산물 주점인 '쉬바'는 해산물 사랑과 국토 사랑의 일환으로 독도 여행 보내 주기 행사를 벌이고 있다. 배달형 패밀리레스토랑인 '조이스'는 피에로 복장을 한 판매원이 제품을 소개하면서 동물 모양 풍선을 만들어 주고, 무료 시식권이나 허브 화분·용품을 나눠 준다.

서울 신천동에 가면 '짱구야 학교 가자'라는 이색적인 간판을 단 주점을 만날 수 있다. 일단 70·80년대 학창 시절 추억을 되새길 수 있는 교실 인테리어가 눈길을 끈다.

남녀 종업원들도 금방 학교에서 하교한 것처럼 교복 차림이다. 매장 안에는 태극기가 걸려 있고, 태극기 양옆에 걸린 '술 마시고 꼬장 피우지 말자.'는 교훈과 '많이 먹고 빨리 가자.'는 급훈이 웃음을 자아낸다. 벽면에 걸려 있는 옛날식 칠판은 분필 낙서로 뒤덮여 있다.

매장 곳곳에서 찾아볼 수 있는 옛날 교과서, 교련복, 출석부, 난로 등 학창시절 소품도 재미있다. 특히 처음 방문한 고객은 자신의 이름이 적힌 '학생증'을 지급받는다. 방문 횟수에 따라 '우수상'·'최우수상' 등의 상장도 받고 술값을 할인받는다.

서울 도곡동에서 온 이자영 씨는 "이곳에 들어서면 마치 고등학생 시절로 돌아온 것 같아 즐겁다."고 말했다.

— 「매일경제」(2006.6.11.)

돈 없는 남자, 못생긴 남자, 재미없는 남자. 이 중 어떤 남자가 폭탄일까? 요즘 같은 분위기라면 '재미없는 남자'가 폭탄이다.

많은 사람들이 재미를 추구하고 있다. 재미가 있으면 한 번 더 눈길을 돌리고, 기꺼이 지갑을 연다. 때문에 각 기업들은 펀(fun)에 호응하는 고객을 위해 앞다투어 펀(fun) 마케팅을 펼치고 있다. 프랜차이즈 업계도 예외는 아니어서, 다양한 유머 마케팅을 선보이고 있다.

화장품 업체 '에뛰드'는 최근 신제품명을 서술형으로 지었다. 그런데 그것이 오히려 더 눈길을 끈다. 제품 특성에 맞춰 재미를 가미했기 때문이다. 남성용 입술 보호제는 '그녀와 으슥한 곳으로 가다 립 밤'이라 했고, 여성용 주름 개선 제품의 이름은 '어려 보이겠다는 약속 링클 크림'이다.

이탈리안 와인 비스트로 '매드포갈릭(madforgaric.com)'은 '마늘에 미치다'라는 뜻이다. 마늘요리와 와인이 주 메뉴인만큼 그에 맞는 이름을 강하면서도 코믹하게 붙였다. '드라큘라 킬러'라는 메뉴도 있다. 마늘 때문에 죽는 드라큘라도 먹고 싶어 하는 맛이라는 것을 강조한 재미있는 이름이다.

라면 전문점 '그놈이라면(g-nom.co.kr)'은 모든 메뉴 이름을

'~놈'으로 지었다. '매서운 놈', '시원한 놈'이라는 평범한 것부터 '게놈', '잡놈'이라는 과격한(?) 이름까지 메뉴판을 장식하고 있어 웃음을 유발하고 있다.

모양이 재미있는 간식거리도 인기다. '빵파네(bangpane.com)'는 파우치형 빵에 고구마샐러드, 감자샐러드와 같은 속재료를 넣어 먹는 것이다. 모양이 둥그런 것이 호기심을 자아낸다. 기존 토스트에 비해 칼로리가 낮고, 먹을 때 내용물이 잘 새어 나오지 않는다는 장점이 있다. '에뜨나피자(etnakorea.com)'는 1m나 되는 길쭉한 피자로 눈길을 끌고 있으며, 'BBQ 구슬김밥(genesiskorea.co.kr)'도 밥을 구슬 모양으로 만들어 시선을 끌고 있다.

이외에도 '떡쌈시대'처럼 삼겹살을 떡에 싸 먹는다거나, '깜겹살'처럼 한지를 이용해 숙성시키는 기존에 볼 수 없었던 메뉴의 외식 프랜차이즈도 눈길을 끌고 있다.

생맥주 전문점 '가르텐비어(garten.co.kr)'는 파이프를 통해 고객이 맥주를 직접 따라 먹을 수 있게 했다. 이것은 테이블 위에 냉각 홀더를 설치했기에 가능했던 일이다. 또한 특별 이벤트로 생일인 사람이 맥주를 한 번에 다 마시면 안주를 무료로 제공하기도 한다.

이와 같은 유머 마케팅은 효과에 비해 비용이 저렴하다는 장점이 있다. 또한 어느 분야에나 접목이 가능하고, 효과 또한 기대되는 마케팅 기법이다. 그러나 번뜩이는 아이디어가 없다면 무용지물이다.

이제는 '재미(fun)'와 '기술(technology)'의 융합을 일컫는 '퍼놀로지(funology)'라는 용어도 심심치 않게 들려온다. 유머 마케팅은 더욱 넓은 분야에 다양하게 적용될 듯하다.

보통의 반대는?

중국음식점을 하는 경규의 아들이 국어 시험을 보고 집에 돌아오자 엄마가 물었다.

엄마 : 오늘 시험 잘 봤니?

아들 : 한 개 빼고 다 맞았어요.

엄마 : 그래? 무슨 문제를 틀렸는데?

아들 : 보통의 반대가 뭐냐는 문제였어요.

엄마 : 뭐라고 썼기에 틀린 거야?

아들 : 곱빼기요.

구두닦이의 놀라운 아이디어

경기가 나빠지자 사람들이 구두를 집에서 닦았다. 그러다 보니 구두 수선집의 매출이 떨어지기 시작했다.

위기 극복을 위해 구두닦이가 아이디어를 낸 다음 안내문을 붙여 놓았다.

'모든 고객 분들의 구두 한 짝을 무료로 닦아 드립니다.'

그는 들어오는 사람들을 맞으며 웃으면서 말했다.

"나머지 한 짝은 3천 원입니다."

고객을 끄는 영업 비법

비법이 따로 있겠는가. 영업 잘하는 사람을 모방하면서 배우면 된다. 사람을 대하는 태도, 영업하는 마인드, 영업하는 기술, 영업할 때 쓰는 말, 영업할 때 입는 옷 등 자기 스타일과 맞는 사람을 정해서 그 사람을 완벽하게 닮으려고 노력하면 된다.

잘하는 사람 따라 하기, 벤치마킹하는 방법만큼 좋은 것은 없다. 당연히 밑바탕에 열정이 깔려 있어야 한다. 열정은 비전에서 나온다. 자신이 하고 있는 일에 대해 정확히 알고, 열심히 일하면 자신이 원하는 수익이 나올 거라는 믿음 말이다. 그러기 위해서는 자신이 하는 일에 대해서 철저하게 연구하고 공부해야 한다. 비전을 정확히 알수록 비전이 명확해지기 때문이다.

일하면서 '어떻게 하면 고객을 즐겁게 할 수 있을까?'만을 생각한다면 짜장면 배달을 해도 그것을 인생의 밑바닥이라 생각하지 않고 밑바탕으로 만들 수 있게 되는 것이다.

감동과 재미가 있다면 성공한다 ★👆

짜장면집 하루 매출을 30만 원에서 90만 원으로 올린 사람이 있다. 그 비결을 물으니 별것 아니라고 말한다.

어느 날 어떻게 하면 고객을 즐겁게 할 수 있을까를 궁리하는 중에 한 아파트에 배달을 갔는데, 문득 아파트 현관에 제멋대로 널려 있는 신발들이 눈에 들어왔다는 것이다. 그래서 신발을 정리해 주면 고객이 좋아할 것 같아서 신발을 가지런하게 정리했다고 한다.

처음 집에서 좋아하기에 배달 가는 집마다 10초 정도를 투자해서 신발을 정리해 주었더니, 한 달도 되지 않아 아파트 단지에서 '사람의 마음을 잡는 짜장면집'으로 유명해지고 아줌마들의 입소문을 탔다고 한다. 그리고 배달할 때마다 유머를 한 개씩 외워서 전해 주었더니 거의 주문이 폭발적으로 늘어나 즐거운 난리가 났다는 것이다.

인간관계든 사업이든 감동과 재미가 있다면 성공으로 가는 지름길이 될 수 있음을 보여 주는 사례다. 책 『끌리는 사람은 1%가 다르다』의 저자인 아주대학교 이민규 교수는 "재미있으면 사람은 판단하지 않는다."고 말한다. 재미있고 즐겁고 감동이 있으면 사람은 무의식적으로 끌린다는 것이다. 아무리 좋은 설교라도 딱딱하면 조는 사람이 많지만, 내용이 부실(?)해도 재미가 있으면 너나없이 폭소를 터뜨리며 즐거워하지 않는가.

판단은 이성이 하지만, 선택은 감성이 한다 ★👆

군산에 있는 로얄주유소는 신문과 방송에 여러 번 소개되었는데, 주유소에 들어가면 제일 먼저 맞이하는 글귀가 있다.

'주유원이 불친절하시다면 가까운 경찰서나 군부대에 신고하세요.'

'외상 시에는 다음과 같은 서류가 필요합니다. 이장님 친필 추천서, 관할파출소 소장님 추천서, 초등학교 성적표, 건강진단서, 고교 내신 성적 2등급 이상.'

유머 감각이 풍부한 주유소의 정소장의 아이디어라고 하는데, 문구 하나하나가 사람의 마음을 무장 해제시킨다.

"고객은 기름을 삽니다. 하지만 말은 안 해도 웃음도 사고 싶어 하고 즐거움이나 재미도 사고 싶어 합니다. 진정한 경쟁력은 가격에 있는 것이 아니라 고객을 즐겁게 하는 능력입니다."

주유소에 다양한 유머 멘트를 곳곳에 붙였더니 3개월 만에 매출이 30% 가까이 올랐다고 한다.

사람은 95%의 이성으로 판단하지만 선택은 5%의 감성으로 한다고 한다. 이처럼 선택하는 데 절대적인 영향력을 미치는 감성은 즐거움과 재미에 의해 움직이는 경우가 적지 않다.

지하철을 타면 많은 잡상인을 만난다. 한 사람이 팔고 지나가면 이어서 다른 상인이 들어와 선전을 하는데, 같은 물건이라도 잘 파는 사람이 있는가 하면 하나도 못 파는 사람도 있다. 고객의 마음을 잡느냐 아니냐가 그렇게 만드는 것이다.

어떻게 하면 고객을 즐겁게 해 줄 수 있을까를 생각하면 금방 해답이 나온다. 금세기 최고의 동기부여가 앤서니 라빈스는 "즐거움은 최고의 에너지이며, 즐거움은 모든 것을 변화시킨다."고 말한다.

어느 전기 청소기 판매원의 최후

전기 청소기 판매원이 아파트 문을 두드리자, 할머니가 문을 열어 주었다. 판매원이 단도직입적으로 말했다.

"자! 지금부터 할머니께 믿지 못할 놀라운 일을 보여 드리죠."

그러더니 판매원은 앞마당의 흙을 퍼 와 방바닥에 사정없이 뿌렸다.

"할머니, 저랑 내기하실래요? 제가 저희 회사에서 출시된 최신 진공청소기로 이 흙을 모두 빨아들이면 이 청소기를 한 대 사시고, 못 빨아들이면 제가 이 흙을 다 먹겠습니다."

그러자 할머니는 판매원을 어이없이 쳐다보다가 큰 숟가락을 주며 말했다.

"쯧쯧, 젊은이가 안됐구먼. 지금 전기가 나갔는데……."

이상한 면접

시험관이 물었다.

"자넨 어떤 자리에 앉고 싶은가?"

"이사님 자리에 앉고 싶습니다."

"자네, 미쳤나?"

"아니, 미쳐야 그 자리에 앉는 겁니까?"

낳지 않아도 알아요

박 과장이 부서를 옮겼는데, 여기저기서 쑥덕거리기 시작했다.

"아니, 품질관리에 대해 알지도 못하는 사람이……."

그 얘기를 듣고 있던 박 과장이 웃으며 말했다.

"제가 계란을 낳아 보지 않았어도 계란이 상했는지 싱싱한지는 잘 알고 있습니다."

유머로 리드하라

　물건이나 자신이 배운 지식을 세일하는 것은 물론이고, 대통령까지도 다른 나라에 나가 국가 이미지와 잠재력을 세일하는 시대다.

　고객과의 벽을 허물고 대화의 실마리를 찾기 위해서는 고객의 마음을 여는 것이 무엇보다 중요하다. 요즘은 워낙 기술이 발달하여 제품에는 별 차이가 없다. 그래서인지 고객은 제품에 대한 특징을 말하기도 전에 '알고 있어요.' 하면서 마음의 문을 닫는 경우가 대부분이다.

　"판매는 거절로부터 시작된다."

　레타맨의 명언이다. 이 말은 판매에는 반드시 거절이 있게 마련이므로, 거절을 당했더라도 실망하거나 당황하지 말라는 것이다. 오히려 거절을 하면 가능성이 있는 고객이라고 생각하고, 거절 자체를 환영할 수 있는 마음가짐으로 접근해야 한다는 뜻이다.

하지만 거절로 인해 받게 되는 스트레스가 적지 않다. 따라서 스트레스를 극복할 수 있는 방법과 함께 거절에 대응하여 고객의 마음을 열 만한 적절한 방법을 찾기 위해 부단히 노력해야 한다.

게다가 업계의 판매전이 날로 격심해지고 있어서 자신만의 독특한 영업 전략을 세우지 않고서는 시장에서 살아남을 수 없다. 이를 바로 인식하고 대처해야 하는데, 고객에게 다가갈 때 '유머'를 활용해 보면 어떨까.

「일본경제신문」에서 잘나가는 영업사원들의 영업 화술을 조사한 결과는 다음과 같다.

1위: 무조건 상대방의 이야기를 듣는다.

2위: 업무 외 이야기 80%, 일 이야기 20%로 먼저 자신을 좋아하게 만든다.

3위: 상대방의 연령층에 맞는 말로 이야기한다.

4위: 좋은 점을 찾아서 칭찬한다. (단, 속 보이는 아부는 금물)

말을 잘하는 것이 핵심 경쟁력으로 생각되는 영업에서도 말을 잘하는 것보다는 잘 들어 주는 것이 더 효과적임을 알 수 있다. 상대방에게 많이 말하게 할수록, 내가 상대방의 말을 들어 주는 시간이 길면 길수록 상대방은 당신을 좋아하게 되는 것이다.

다른 사람의 말을 잘 들어 주는 것이 잘 파는 지름길이며, 결국 잘 들어 주는 것이 말을 잘하는 것이다.

말 더듬는 판매왕의 세일즈 비법

성경책 판매원을 모집하는 광고에 한 남자가 응모하여 면접시험을 보았다.

"저… 저… 저는 서서서성경책 파파판매원이 대대되고 싶습니다."

당연히 면접관은 말을 더듬는 이 사람의 판매능력을 믿을 수가 없었고, 남자는 떨어졌다.

하지만 다른 회사에서는 이 남자의 잠재력을 보고 뽑았다. 그리고 곧 주위 사람들의 경악 속에서 말 더듬는 남자의 성경 판매율은 하늘을 찌를 듯이 올라갔고, 회사에서 성경책을 제일 많이 판 사람이 되었다.

얼마 후 회사에서는 말더듬는 남자에게 판매 방법을 사람들에게 강연할 수 있는 기회를 만들어 주었다. 말 더듬는 남자는 성경책 판매 방법 노하우를 사람들에게 말했다.

"이건 아아아주 가가가간단합니다. 우우선 초초초인종을 누누누루고 사사사사람이 나오면 이이렇게 마말합니다. 서서서성경책을 사사사시겠습니까? 아니면 제제제제가 드드드들어가서 이이읽어 드드드드드드릴까요?"

운명을 바꾼 한마디 *👆

바다르체프스카(Badarzewska)는 폴란드가 낳은 피아노의 천재다. 그는 어려서부터 피아노를 배웠는데 그를 지도하는 모두가 그에게 "너는 손가락이 짧고 통통하고 유연성이 부족하여 피아노 치기에는 적합하지 않으니 다른 악기를 배우라."고 했다. 그는 크게 실망하여 낙심하고 있었다.

그러던 중 집에서 파티가 열렸는데, 그때 그의 아버지가 권하여 피아노를 쳤다. 손님 중에 그의 연주에 반한 신사 한 분이 "너는 피아노에 탁월한 재능이 있으니 열심히 하라."고 극찬을 했다.

그때부터 그는 다시 힘을 얻어 눈부신 실력을 발휘하였다. 세계인의 사랑을 받는 '소녀의 기도'를 작곡하기도 했고, 연주 중심의 피아니스트가 되어 전국에 영향을 미쳤다. 신사의 한마디가 그의 운명을 바꿔 놓은 것이다.

고객을 만족시키는 첫걸음 *👆

네덜란드는 거리의 쓰레기로 골머리를 썩었던 적이 있었다. 경찰들이 집중 단속과 벌금을 부과해도 쓰레기는 줄지 않았고, 벌금을 늘려도 나아지지 않았다.

그러자 의회에서 쓰레기통에 쓰레기를 버리면 자동으로 칭찬의 음성이 나오도록 하자는 의견이 나왔다. 그 의견이 통과되어 실행에 옮겨졌는데, 이후 거리가 깨끗해졌다.

칭찬을 거의 들어 본 적 없었던 사람들이 쓰레기를 버리면 칭찬을 들려주는 쓰레기통에 자동으로 발걸음을 옮기게 되었던 것이다. 그 결과, 청결의 도시란 이미지를 얻을 수 있었다.

고객도 마찬가지이다. 고객의 심리를 미리 파악하여, 존중하는 마음으로 여유 있게 말하는 것이야말로 고객을 만족시키는 첫걸음이다.

일도 놀이처럼, 놀이도 일처럼 하라

미국의 작가 마크 트웨인(Mark Twain)이 지은『톰 소여의 모험』은 미국의 미시시피 강변을 배경으로, 장난꾸러기 소년 톰과 그의 친구들이 여러 가지 모험을 하며 보물을 찾아내는 이야기를 재미있게 묘사한 장편소설이다.

이 작품에는 '신나는 울타리 칠하기' 장면이 나온다. 말썽꾸러기 톰이 폴리 이모에게서 벌을 받게 되는데 그것은 긴 울타리를 칠하는 것이었다. 한참을 칠하고 있는데, 그를 약 올리려고 친구들이 하나둘씩 나타났다. 이때 톰은 힘들어하는 표정 하나 없이 너무나 재미있다는 듯 휘파람을 불면서 칠을 하기 시작한다.

물론 톰이 '잔꾀'를 부린 것이다. 울타리 칠하는 일이 아주 재미있으면서 특별한 일이고 아무에게나 주어지지 않는 일인 것처럼 그들에게 비춰지게 하기 위해서였다.

"이 페인트칠, 아무나 하는 게 아냐."

친구들은 톰에게 자기가 아끼던 딱지며 구슬 등을 기꺼이 바치면서까지 칠을 하고 싶어 안달을 한다.

"나도 한번 해 볼게. 한 번만."

마침내 톰은 울타리 칠을 그다지 힘들이지 않고 잘 마무리했을 뿐만 아니라 자신이 평소 갖고 싶었던 것까지 얻게 된다.

톰의 '잔꾀'로부터 우리가 배울 수 있는 것은 무엇일까? 일을 하기 싫은 노역으로 생각하지 않고 재미있는 놀이로 생각하다 보면 일도 쉽게 마무리되고 의외의 성과까지 거둘 수 있다는 것이다. 그 유명한 토머스 에디슨도 이같이 말했다.

"나는 단 하루도 일한 적이 없다. 항상 즐겼을 뿐이다."

유머 경영의 핵심은 '즐거운 일터 만들기'

즐거운 마음으로 일을 하느냐, 하기 싫은 일을 억지로 하느냐에 따라 일의 결과가 판이하게 달라진다고 한다. 리더들이 이 점을 유념하고 조금만 마음을 써 준다면, 일의 효율은 저절로 올라가지 않을까 싶다.

미국의 저명한 유머 경영 컨설턴트인 매트 웨인스 타인(Matt Weinstein)은 "일에서 재미를 찾으라는 말은 사람들에게 인간성을 찾으라는 말과 같은 의미이다."라면서, '당신의 일은 재미있습니까?'라는 질문이 일터에서 반드시 이루어져야 한다고 역설한다.

유머의 기본 정신과 현대 경영의 핵심 주제가 일치된다는 점을 미루어 생각하면 너무나 당연한 사실을 왜 진작 몰랐던가 하는 생각까지 들 정도다. 우리나라의 경우에도 몇몇 기업에서 유머 경영을 도입하고 있다.

그중 L사는 유머 강사를 초빙하여 직원들에게 유머 강의를 듣게 하는데, 스트레스를 받은 상태에서 일을 하게 되면 업무 효과가 저하되므로 기분 전환을 한 다음 다시 업무에 임할 수 있도록 하기 위해 나름대로의 방법을 구사하는 것이다.

한 백화점은 아침에 출근하면 노래방 기기 앞에서 신나는 노래를 부른 다음 하루 일과를 시작한다고 한다. 직원들이 즐거운 마음으로 일을 해야만, 그 기분이 고스란히 고객에게 전달될 수 있다는 것을 경영자가 알고 있기 때문이다.

CEO들 '유머 있는 사람' 우선 채용 ★👆

국내 최고경영자들은 직원을 채용할 때 유머가 풍부한 사람에게 후한 점수를 주는 것으로 나타났다. 또 이들은 유머를 잘 구사하는 직원이 업무에서 더 우수할 뿐 아니라 기업의 생산성 향상과 조직문화에도 도움이 된다고 믿는 것으로 조사됐다.

삼성경제연구소는 임원급 대상 유료 정보 사이트인 '세리 CEO' 회원들을 대상으로 유머에 관한 5가지 항목의 설문조사를 실시한 결과 이같이 나타났다고 밝혔다.

'유머가 풍부한 사람을 우선적으로 채용하고 싶다.'는 항목에 설문 참여자 631명 중 50.9%가 '그렇다', 26.5%가 '매우 그렇다'고 답해 유머가 채용 여부에 긍정적 영향을 미친다는 대답의 비중이 77.4%에 달했다.

'유머를 잘 구사하는 사람이 그렇지 않은 직원보다 일을 더 잘한다고 믿는다.'는 항목에서도 '그렇다'와 '매우 그렇다'의 비율이 각각 40.6%, 17.1%를 차지했다.

또 경영자들은 전반적으로 '유머(fun) 경영'이 생산성과 조직문화, 고객서비스 등의 측면에서 꼭 필요하다고 생각하는 것으로 나타났다.

'유머가 기업의 생산성 향상에 도움이 된다.'는 제시문에는 총 81%가 동의했고, '유머가 기업 조직문화 활성화에 도움이 된다.'는 항목에도 총 88%의 경영자가 찬성했다.

설문 참가자의 81.6%는 '유머 경영이 고객 만족에 기여한다.'고 답했다.

또 한 조사기관에서는 78개 기업체의 인사담당 책임자들을 대상으로 유머 경영을 위한 제도가 성과에 어떤 영향을 미치는지에 대해 질문을 한 적이 있다.

그중 26명(33.3%)이 '사내 대인관계 강화로 업무협조 효과가 상승했다.'고 대답했으며, 이어 '조직 내 직원 사기 진작으로 업무 의욕 강화'(24.4%), '행복지수 상승'(14.1%), '정보 교류 강화'(11.5%) 등으로 긍정적인 성과에 영향을 미쳤다는 응답이

83.3%를 차지했다.

이렇게 인사 담당자들이 유머 경영을 통해 일에 재미를 부여하고 즐거운 일터를 만들려는 노력들을 하고 있지만 정작 조직문화에 재미(fun)가 잘 접목되지 않는 이유는 무엇일까?

바로 CEO의 펀(fun) 철학과 지속적인 관심의 부족이 가장 큰 원인이다. 여러 번 그 사례를 인용했듯이, 사우스웨스트 항공사가 유머 경영의 신화를 이룰 수 있었던 것은 허브 켈러허라는 CEO가 있었기에 가능했다는 점을 간과해서는 안 될 것이다.

아울러 직원들의 일에 대한 마인드의 변화가 유머 경영을 정착시키는 데 큰 몫을 차지한다는 점 또한 명심해야 한다.

요즘 기업체에서 신입사원을 뽑는 방법이 다양해졌다. 회사에서 보고자 하는 것은 얼마나 재치 있는 대답을 하느냐는 점이다. 주어진 틀을 지키는 것도 중요하지만, 사고의 유연성이야말로 생산성을 높이는 데 중요한 몫을 하는 요소이기 때문이다.

또 다른 회사에서는 면접할 때 이런 질문을 했다.

"당신이 지금 부산을 가는데 자가용, 비행기, KTX 중에서 어느 방법으로 가는 게 가장 빨리 가는 방법일까요?"

회사가 원하는 대답은 '마음에 맞는 사람과 가는 방법'이었다. 그런데 이 대답을 한 사람은 단 한 사람뿐이었다고 한다.

신입사원뿐만 아니라 기존에 일하고 있는 직원들도 고정관념에서 벗어나지 못한 채 해 오던 일을 그대로 답습하는 경우가 많다. 이런 사람들은 대개 주어진 일은 무난하게 잘하지만, 창의력이 부족하여 한 단계 도약하는 데는 걸림돌이 될 소지가 많다.

기발하고 획기적인 사고력을 가진 사람들, 순발력도 뛰어나고 유머 감각도 탁월한 사람들이 많으면 조직의 분위기가 확 달라질 수 있다. 회사의 입장에서 창의적인 사고를 하는 직원이 회사에 도움이 되는 인재라고 생각한다면, 리더가 먼저 그런 마인드를 가져야 한다. 그래야만 그런 인재를 뽑고 키울 수 있기 때문이다.

나머지 둘은?

직원이 사장님과 임금 협상을 하고 있었다.

"사장님, 전 그동안 한 사람의 월급을 받으면서 세 사람 일을 20여 년 동안 했습니다. 이제 월급을 올려 주세요."

"뭐야? 자네가 그 두 사람의 이름을 말한다면, 둘을 해고시키고 월급을 올려 주겠네."

링컨 나이 때

아버지가 아들에게 말했다.

"아들아, 그만 좀 놀고 공부해라. 링컨은 네 나이 때 뭘 했는지 알아?"

아들이 천연덕스러운 표정으로 대답했다.

"몰라요. 그러나 링컨이 아빠 나이에 뭘 했는지는 알아요."

Chapter 5

Fun 리더십으로
성공한 사람들

조직의 소통과 화합으로 성공하다

동양전자공업㈜ 최철호 대표이사

동양전자공업㈜은 모터코어 핵심 부품을 만드는 대한민국의 대표 기업이다.

1996년 5월 최철호 대표이사가 동양전자공업㈜을 설립하고 얼마 지나지 않아 IMF라는 시련이 찾아왔다. 여러 거래처 가운데 상위 3개 업체 중 한 곳은 부도가 났고, 한 곳은 물량을 대폭 삭감했으며, 마지막 한 곳은 외주 물량을 직접 소화하며 매출액 80%가 사라졌다.

절체절명의 위기에도 최철호 대표이사는 좌절하지 않고 대기업 하청에서 벗어나자는 과감한 결론을 내렸다. 자체 상품을 생산하는 것이 장기적으로 유리하다는 판단이었다. 시장 상황은 위태롭지만, 제품 생산을 위한 라인 확장에 더 공격적으로 투자했다.

그 결과 동양전자공업㈜은 국내 최고의 기술력을 갖췄다. 코어의 치명적인 불량요인을 사전에 차단하는 공정을 도입하고 pin point방식 3단 유압금형을 채택하여 가격 경쟁력을 꾀했다.

이를 가능케 한 건 최철호 대표이사의 FUN 경영이다. 직원을 중심으로 복리후생을 챙기고 자율권을 주었다. Fun 교육으로 직원의 역량을 키우고 신속한 의사 결정 구조로 전 직원 회의는 1년에 한 번으로 줄인 결과, 웃음꽃이 활짝 피는 신바람 나는 기업이 되었다.

최철호 대표이사는 동양전자공업㈜을 창립하고 28년을 맞이하며 250억 원 매출을 달성이라는 쾌거를 이뤘다. 자동으로 열고 닫히는 커튼과 로봇 청소기 등이 상용화되며 정교한 모터 활용이 늘어나는 추세인 만큼 동양전자공업㈜의 전망이 밝다.

변화는 늘 위기의 얼굴을 하고 찾아온다. 철저한 준비와 과감하고 선제적인 투자로 위기를 기회로 바꿔 판을 뒤집어야 한다.

최철호 대표이사는 긍정적인 사고와 직원을 최고의 고객이자 주인으로 노사 상생 협력으로 화합하는 Fun 경영을 전 기업에 전파하겠다는 의지를 불태우고 있다.

또한 최철호 대표이사는 Fun 리더십 교육원 이사장으로 장학금 지급, 김장 봉사, 떡국떡 나눔 행사, 제빵 봉사, 쓰레기 줍기 및 환경 캠페인, 저소득층 대상 동계내복 지원, 장애우 평등학교 지원, 먼저 웃자 캠페인 등에 앞장서고 있으며, 수많은 각종 수상 경력이 있다.

아름다움을 넘어 가치를 추구하다

DY코스메틱 최철호 대표이사

한류 열풍이 불며 한국을 찾는 관광객이 급격하게 늘었다. 외국인들이 화장품에 관심을 보이며 본격적인 K-뷰티 붐이 시작됐다.

하지만 2017년 중국의 사드 보복으로 인한 한류 금지령, 즉 한한령으로 K-뷰티의 최대 고객인 중국인이 이탈하며 화장품 업계는 크게 주춤하게 된다. 남들은 화장품 업계에서 손을 떼는 시기, 2018년 12월 최철호 대표이사는 'DY코스메틱'을 설립한다.

화려한 색조 화장품으로 대표되는 K-뷰티 노선에서 과감히 벗어나 '마스크 팩'을 내세웠다. 아토피, 안면 홍조, 습진, 피부 트러블 등으로 고민하는 민감성 피부에 알맞은 맞춤형 제품을 개발하여 호응을 얻었다.

또한 최근 소비자들의 선택 기준인 환경 문제를 고려해 비건, 탄소중립을 실천하고 있다. 지속 가능한 생산 자사 브랜드를 추가로 준비 중이다.

단순한 아름다움을 넘어 건강한 가치를 추구한 결과 경기도지

사 최우수제품상과 산업통상자원부 장관상을 받았고, 2023년 70억 매출을 달성했다.

이제 최철호 대표이사는 K-뷰티의 위상을 제고하기 위해 세계 시장에 발 벗고 뛰어들 계획이다.

두터운 신뢰로 위기를 극복하다

㈜지엔텍 유영철 대표이사

2020년 설을 앞두고 옆 공장의 화재로 회사가 하루아침에 잿더미가 되었다. 크나큰 손실에 유영철 대표가 실의에 빠져 있는데, 놀랍게도 지인과 동료 기업인들이 선뜻 나서서 큰돈을 빌려주었다.

그뿐만 아니라 부품업체와 거래처도 필요한 원자재를 아낌없이 지원했으며, 'Fun 리더십 교육원'의 소상공인 리더들은 모금을 통해 수천만 원을 기부했다. 고객사는 지엔텍의 우수한 품질은 대체 불가하다며 공장이 정상화되는 동안 발주를 기다렸으며, 단 한 명의 직원도 퇴사하지 않고 공장을 지켰다.

이 길이 남을 미담에는 품질과 신뢰를 지켜 온 유영철 대표의 경영철학이 숨어 있다.

지엔텍은 1998년 부천에서 가내 수공업 규모의 작은 공장에서 모터 제조업을 시작해서 2012년에 법인으로 전환하면서 반월국가산업단지에 입주했다. 모터 제조업은 모든 산업의 기초 역할을 하는 뿌리산업으로, 가전제품부터 시작해 항공기에 이르는 기계 장치를 움직이는 모든 요소에 활용된다. 각종 산업에 없어서는 안 될 핵심 부품이라고 할 수 있겠다.

신소재를 접목하고 양질의 원재료를 사용해 내구성을 보장하는 품질 좋은 모터를 생산하고, 고객사가 원하는 다양한 형태의 제품을 적재적소에 제작함으로써 효성중공업, 삼양가속기 등 국내 우수 기업뿐 아니라 호주를 비롯한 여러 나라에 수출하여 외환 획득에 크게 이바지하고 있다.

그런 노력으로 일생일대의 큰 위기를 극복한 유영철 대표는 끊임없는 기술 개발과 품질 개선, 인간관계에 필요한 덕목을 발휘하며 건실한 모범 강소기업으로 자리 잡았다. 이는 이 시대의 Fun 경영인이 지녀야 할 자세를 보여준다.

또한 유영철 대표는 사회 환원을 위해 홀로 지내는 어르신을 찾아가 온정을 베풀고, 사회적 약자인 아이들에게 장학금을 지급했다. 그 외에도 김장 봉사, 떡국떡 나눔 행사, 수재민 지원 등 지역 사회를 위해 꾸준히 봉사하여 감사패를 받았다.

큰 위기를 딛고 일어선 유영철 대표의 Fun 경영은 웃음 넘치는 행복한 세상을 만들고 있다.

지구 환경을 우선 생각하다

㈜동우 이태희 대표이사

　환경 보전 및 자원 재활용에 기여하고 있는 친환경기업 ㈜동우는 환경의 중요성을 인식하고, 지구 살리기에 앞장서기 위해 1993년 1월에 설립하여 30년간 폐기물 수집, 운반하여 위탁 처리하는 풍부한 경험과 기술력을 바탕으로, 회사 종업원의 근무조건, 복리후생을 최우선으로 생각하여 내부고객 만족이 외부고객 만족이라는 Fun 경영을 일찍 도입하였다.

　이렇듯 Fun 경영 최우수 친환경기업을 운영하고 있는 이태희 대표이사는 "기술은 변해도 신뢰는 변하지 않는다."는 사훈 아래 충청남도 천안시 서북구 번영로 704, 201호에 본사와, 경기도 화성시 마도북로 353(마도면)에 수도권 지사를 두고 있다.

　사업 종목은 크게 사업장 비/배출시 설계 폐기물, 지정 폐기물, 고철비철파지 폐합성수지류, 화물자동차 운송사업으로 분류하고, 일반, 지정 폐기물 수집/운반, 정수설비 여재 교체공사, 폐기물 재활용, 사업 현장 용역 파견 & 관리를 중점 사업으로 하고 있다. 폐기물 허가업체로 일반폐기물 차량 12대, 지정폐기물 차량 26대 총 38대로 산업 폐기물을 관리법규와 규정에 맞게 처리함으로써 친환경에 이바지하고 있다.

㈜동우의 이태희 대표이사는 인간관계 중요성을 잘 알고 있기 때문에 한번 신뢰로 맺은 인연은 좋은 인연으로 끝까지 유지하는 고객 감동에 앞장서는 친환경 기업, Fun 경영기업으로 안정적으로 성장하고 있다.

나눔을 실천하다

캘러웨이 안산 한대점/안산 롯데백화점 한영숙 대표

경기도 안산시 상록구 사동에 위치한 안산 한대 패션 타운은 골프웨어, 스포츠, 캐주얼 등 120여 브랜드가 총망라된 대형 패션타운 특화거리로 안산지역 패션 1번지로 통한다. 골프가 대중화되고 안산 주변에 골프연습장이 많아, 최근에는 골프웨어 특화 매장으로 새롭게 자리매김하고 있다.

고객 눈높이에 맞춰 편안한 사랑방 역할을 하는 캘러웨이 골프웨어 안산 한대점/안산 롯데백화점 한영숙 대표는 Fun 경영 최우수 및 전국 매장 매출 상위권 매장이다.

캘러웨이 안산 한대 매장은 2014년 처음 문을 열었고, 많은 경영 경험과 많은 고객들의 편리성을 위해 안산 롯데백화점 내에 2023년도 추가 매장을 오픈하였다.

한영숙 대표는 가두 골프웨어 브랜드 Fun 경영 운영 노하우와 그 전에 안경점을 오래 운영하면서 쌓은 고객 응대 경험으로 Fun 경영 최우수 매장으로 성장하였다.

골프를 즐기고, 캘러웨이 골프웨어 브랜드를 좋아했던 한영숙 대표는 매장을 운영하면서 자신을 한 번도 장사꾼이라고 생각한 적이 없다며 당장의 매출을 올리기보다 고객 개개인의 눈높이에 맞춰 공감대를 형성하면서 최대한 편하게 부담 없이 응대할 뿐만 아니라, 최고의 고객은 직원이라며 직원들에게 최고의 복리후생 등으로 직원들 마음을 움직이게 하는 Fun 경영에 주력하였다.

또한 "항상 고객을 맞을 때 환한 미소로 고객의 시각에서 대했고, 자연스럽게 단골 고객이 늘어났다. 특히 여성 고객들에게는 사랑방 노릇을 톡톡히 하고 있다."고 전한다. 시원하고 깔끔한 매장은 주변 골프연습을 하고 방문하는 고객들이 간단하게 즐길 수 있는 간식이 풍부하게 마련되어 있어 눈과 입을 즐겁게 해 준다.

요즘에는 캐릭터가 강한 스타일보다는 심플하면서 블랙, 화이트 등 무채색을 선호하는 등 다양한 스타일의 제품을 접한 고객들의 만족도가 높다고 한다.

한영숙 대표는 매장 자체적으로 골프대회를 진행하는 등 안산에는 골프 동아리, 소규모 골프 대회가 특히 많기 때문에 자체 스폰으로 고객 유치와 브랜드 홍보에 주력하여 시너지 효과로 매출 증대 배경을 설명했다.

또한 한영숙 대표는 최고로 좋아하는 브랜드 캘러웨이 매점을 운영하면서 매출 이익금 일부를 매년 대학생 2명에게 장학금을 지급할 뿐만 아니라, 여러 단체에게 봉사를 할 수 있는 게 너무 행복하다고 말한다. 매장을 찾아 주시는 고객들에게도 감사하고, "무엇보다 직원들이 한마음 한뜻으로 함께해 고마운 마음이다."라며 직원들을 무한 칭찬한다.

위기를 기회로 극복하다

한양대 에리카 컨벤션 박병헌 대표

코로나가 전 세계를 휩쓸며 모두가 힘들었지만, 많은 사람이 모이는 컨벤션 업계는 타격이 특히 컸다. 하지만 박병헌 대표이사는 지금이 기회라고 생각하고 all 리모델링이라는 과감한 결단을 내렸다. 이를 도맡은 박원배 이사의 세련된 감각으로 '한양대 에리카 컨벤션'은 새로 태어났다.

웨딩홀 선택 결정권이 큰, 젊은 신랑 신부의 취향을 사로잡는 고급스러운 홀은 서울 어느 웨딩홀에도 뒤처지지 않는다. 뷔페식으로 준비된 음식도 젊은 층을 위한 다양한 디저트부터 시작해 고령층 입맛을 잡는 소갈비탕까지 다양해 입소문이 자자하다.

불편하던 동선도 깔끔하게 정리하고 결혼식뿐 아니라 돌잔치, 기업세미나, 출장 뷔페, 홈파티 등 각종 행사로 범위를 넓혔다.

한양대 에리카 컨벤션은 안산시 상록구 한양대학로 55 한양대학교 정문 좌측에 있다. 2,000대 주차시설로 주차 걱정이 없으며, 대중교통을 이용한다면 4호선 한대역 앞에서 셔틀버스를 운행하여 교통도 편리하다.

위기를 기회로 극복한 '한양대 에리카 컨벤션'은 유행을 선도할 뿐 아니라, 사회적 약자를 위한 봉사에 활발하게 참여하고 웃음을 널리 전파하며 훌륭한 Fun 경영 우수기업으로 유명세를 떨치고 있다.

인맥을 소중히 여기는 열정맨

㈜태경에프씨 김태경 대표이사

㈜태경에프씨는 신용도를 높이기 위해 대표이사 김태경의 이름으로 1997년 설립하여 '작은 일부터 최선을 다하자'는 사훈을 바탕으로 하여 오직 정직 · 정확 · 신속으로 26년 동안 한 번의 실수 없이 신용도를 높였다. 그래서 한번 인연을 맺은 업체들은 지금까지 한결같이 연결되고 있으며, 대표이사의 3H1S 리더십으로 직원들은 환한 미소로 단합하며, 신바람 나는 회사로 인정받고 있다.

㈜태경에프씨는 사무용/특수 가구 도소매, 기업체/공장 이전 전문업체, 일반 사무실 레이아웃 변경, 파티션 이전 전문업체이다. 김태경 대표이사는 최고의 고객은 직원이라며 직원들에게 최고의 칭찬과 복리후생 등으로 직원들 마음을 소중히 여긴다. 사회 여러 단체에서 회장을 맡아 활성화시키고, 분위기를 최고조로 올리는 최고의 리더십 소유자이다.

그리고 취미 생활로 색소폰, 드럼, 베이스, 오르간 등 못 다루는 악기 없이 만능인으로 이제는 취미로 시작한 것이 프로 수준까지 도달하여 외부 공연에도 초대받는 열정맨이다.

사람을 대할 때는 정성으로

한길익스프레스 안산점 권유희 대표

"매일 좋을 수는 없지만, 매일 웃을 수는 있지."

한길익스프레스는 견적부터 정리까지 고객의 소중한 재산을 안전하게 이사하는 한 점의 소홀함이 없는 이사업체로 고객들에게 인정받고 있다. 안산시 상록구 사사동 395-1에서 포장이사, 일반이사, 보관이사, 사무실 이사 등을 전문으로 하는 한길익스프레스 권유희 대표는 Fun 경영 최우수 업체로 선정되었다.

권유희 대표가 처음 이사업을 시작할 때 일부 경쟁업체와 고객, 직원까지 여성이 어려운 이사업을 한다며 비웃고 깔보고 무시하는 경우도 있었는데, 오래 지나지 않아 착각이라는 것을 알게 되었다. 여성이라서 오히려 섬세하고, 꼼꼼하고, 친절하다는 것이 크나큰 장점이 된 것이다.

게다가 더더욱 열심히 한 덕분에 이제는 직원들에게도 견적도 아주 잘 본다며 자랑하고 지지하는 24년의 베테랑이 되어 지금은 비웃었던 경쟁업체, 고객, 직원들에게 최고로 Fun 경영자로서 인정받고 있다.

일할 수 있어서, 할 일이 있다는 것만으로도 행복하다며, 환하게 웃는 미소여왕 권유희 대표는 견적 전화 상담 후 모두 직접 방문하여 투명한 견적, 저렴한 가격, 철저한 시간 약속, 작업자는 숙련된 직원으로 구성되어 책임감 있는 이사 진행 및 사후 A/S는 확실하게 하는 최고로 인정받는 이사업체를 운영 중이다.

사무실 신축 때부터 1층은 보관 이사 시 보관 짐을 넣기 위해 설계해서 습기 없고, 채광과 통풍이 잘되어 냉장고, 음식, 화초까지도 가능케 하여 짐 보관에 안성맞춤일 뿐만 아니라, CCTV 4대가 설치되어 고객의 소중한 재산 도난 걱정도 없다.

또한 무엇보다도 직원들을 가족처럼 생각하고, 직원들이 최고의 고객이라는 생각으로 작은 애로사항까지 청취하고 해결해 주려고 노력하고, 책임감을 주어 현장에서 고객 요구 사항을 바로 처리할 수 있는 권한을 줌으로써 직원들도 대표처럼 항상 환한 미소로 '신바람 나는 일터'로 Fun 경영 최우수업체로 고객들에게 호평받고 있다.

'한길'이라는 상호처럼 한길만 쭉 걷겠다며, 환한 미소를 짓는 권유희 대표이다.

* 이사 문의 031. 475. 1234

준비하는 자만이 미래가 있다

파리바게뜨 안산 본오점/안산 본오 한양점 노재찬 대표

안산시 상록구 본오동 882-9번지에 파리바게뜨 본오점을 2004년 10월 개업하여 친절과 위생에 중점을 두어 그해 12월 크리스마스 케이크 하루 3,000개 매출을 올릴 정도로 상당히 매출이 높았다. 그럴수록 내부 고객 직원들에게 성과급 또는 칭찬, 포상 등으로 더더욱 친절과 위생에 신경을 쓰도록 많은 리더십을 발휘하면서, 본오점 근처에 단골고객들의 편리성을 고려하여 본오 한양점을 개업하여 운영 중이다.

그날그날 남는 빵들은 고아원, 양로원, 야간 영업하는 주위 지인들에 무료로 나누어 주어서 그날 빵은 그날 처리하여 신선도를 관리하고 있다.

여가 시간에 사진 촬영 기술을 배워서 각종 사진 촬영 대회에서 우승하여, 한국 사진작가협회 정회원, 안산사진가협회 창립 회원으로 경치 좋은 곳은 어느 지역이든 찾아갔던 취미 생활이 이제는 Fun 리더십 교육원 및 총동문회 행사 사진 촬영 봉사 활동으로 이어져 행복과 보람을 느낀다.

1976년부터 국내 대기업에 근무하면서 등산, 낚시, 테니스 등 취미 생활을 즐기고 사택까지 제공받아 노후 준비 없이 평생을 보장받고 살 것처럼 생활했는데, 선배들의 퇴직 후 경제적 어려운 노후 생활을 보면서 이래서는 안 되겠다는 생각으로 자신의 미래 노후를 준비한 것이다.

　그는 기회는 도전하고 잡는 자에게 온다는 것을 교훈 삼아 살아왔기에 조금은 노후를 여유롭게 살 수 있었던 같다고 회상한다. 요즘 또 다른 도전으로 세계적인 기업 '암웨이' 사업에 도전하며, 자신의 삶을 윤택하게 살고 있어 행복하다고 말한다.

웃음이 수시로 빵 터지는 맛집

'문순자 곱창' 문순자 대표

"물은 셀프, 사이다는 영어로 뭘까요?"라는 질문에 '뭐지?'라고 고민하는데, "사이다는 서비스"라며 웃음이 빵 터지게 하는 안산 최고의 곱창구이 맛집 '문순자 곱창'은 중앙역 근처 곱창거리 안산시 단원구 고잔동 540-12 삼일빌딩 1층 위치한 37년째 맛집으로 소문난 곱창집이다.

문순자 곱창은 거북곱창으로 30년 동안 운영하다가 더더욱 맛과 고객의 신뢰를 높이기 위해 사장의 이름으로 탈바꿈하여 새로운 각오로 출발한 지도 벌써 7년이 되었다.

곱창집에 들어서면 제일 먼저 환한 미소로 따뜻하게 맞아 주시는 사장님과 직원 때문에 기분이 더더욱 좋은 곳으로 곱창, 막창, 모둠 메뉴 중 모둠이 많은 매출을 올린다. 푸짐하게 나오는 기본 반찬에다 곱창에 함께 구워 먹는 부추, 김치, 콩나물이 더더욱 맛을 돋운다.

– 당나귀: 당신은 / 나의 / 귀염둥이

- 마당발: 마주 앉은 / 당신의 / 발전을 위하여
- 청바지: 청춘은 / 바로 / 지금부터
- 언니: 언제나 / 니(네) 편

불 쇼를 하면서 삼행시로 즐거움, 웃음과 행복뿐만 아니라 서비스까지도 아끼지 않으시는 센스 만점 사장님은 사회적 약자에게 많은 지원과 봉사를 하신다.

하트의 볶음밥에 소소한 행복까지 듬뿍 주시는 사장님, 사랑합니다!

꾸준히 연구하고 배우는 자가 아름답다

카페 베이지데이지 김도현 대표

젊은 고객부터 중년 고객까지 사진 찍는 모습을 자주 보는 데이지꽃처럼 아름다운 이 카페는 안산시 단원구 광덕대로 174 월드타운 A동 133호 조용한 골목에 자리 잡고 있다. '카페 베이지데이지'는 고풍적 가구, 고급스런 커피 잔과 유리잔, 생화 등 아름다운 분위기로 아주 대우받는 느낌의 카페로 이미 소문이 나 있다.

좋은 제품은 좋은 재료부터가 중요하다며, 신선하고 최고의 과일로 사장이 부지런하고, 꼼꼼하게 직접 구입하는 것으로도 유명하다. 더치커피, 수제음료, 수제케이크, 수제 구운 과자 전문점으로 매장에서 사장이 직접 만든 수제디저트로도 유명하며 한번 오신 분들이 계속 찾아 단골고객들이 되는 경우가 많다.

또한 답례품, 행사 기념품도 주문을 받아 직접 만드시는 김도현 대표는 카페를 오픈하기 전부터 여러 곳에서 배워서 특이한 수제음료를 만드는 베테랑이지만 요즘도 일요일에는 매번 세미나에 참석하는 등 꾸준한 노력으로 새로운 메뉴, 새로운 디자인으로 변신하여 단골고객을 감동시키는 셀러던트이다.

나부터 먼저 웃자

유머러스한 사람은 어디를 가나 분위기를 밝게 만든다. 그러나 반대로 무게만 잡으면서 '과거에 내가 어떤 사람이었는데' 하고 팔짱이나 끼고 앉아 있다면, 그러한 사람이 속한 조직이나 가정은 무거운 분위기가 될 수밖에 없다.

우리는 살아가며 일상생활에서 '말'이 미치는 영향권에서 벗어날 수 없기 때문에, 어떤 말을 하느냐에 따라 분위기가 살아나기도 하고 얼음장처럼 싸늘해지는 것은 어쩔 수 없다.

유머 감각이 있는 사람은 어느 자리를 가든 주도권을 잡기 마련이다. 재미있는 말 한마디에 주변 사람들이 긴장을 풀며 호감을 갖기 때문이다. 그래서인지 유머 있는 사람, 유머 자산을 많이 가진 사람의 주변에는 늘 활기가 넘친다.

훈련에 의해 유머 감각을 습득할 수 있다는 인식의 변화와 Fun 강의를 듣고 입소문을 내주신 분들의 덕분인지, 요즘 소통과 화합을 중시하는 기업들이 앞다투어 Fun 교육을 강화하고 있다. 과거에는 지극히 보수적이고 엄격한 회사들도 Fun 경영을 해 보겠다고 강의를 의뢰하고, Fun을 배우겠다는 수강생들이 나이 불문하고 많아졌다.

또한 이제는 직업에 상관없이 번뜩이는 재치와 유머가 생활화된 유머리스트들이 적지 않다. 그뿐만 아니라 '인기 좋은 리더의 조건'에 Fun이 필수 요소로 자리매김하는가 하면, 기업에서도 'Fun 마케팅', 'Fun 리더십'이란 말이 보편화될 정도로 관심이 지대하다. 즐겁게 일을 할 때 생산성이 배가되고, 리더가 Fun 마인드를 가짐으로써 조직의 갈등을 해소시키는 데 도움이 된다는 것을 체험적으로 알기 때문이다.

유머의 사용은 사람들의 공격적인 행동을 감소시키고 자신의 긴장과 걱정을 완화시켜 주며 의사소통 적응력을 높이는 데 도움을 준다는 논문 결과(Duran, 1983)에서도 알 수 있듯이, 유머는 갈등과 긴장을 해소하는 설득의 원천으로서 청중의 관심을 끌고 다른 사람과의 인간관계를 원활하게 해 주며 의사소통의 효과를 극대화할 수 있는 요소임에 분명하다.

그래서 심각한 사회 문제들조차도 직설적으로 비판하고 지적하기보다는 우회적으로 돌려 Fun을 통해 표현하려고 노력하고 있지 않는가. 이러한 현상은 유머가 점잖지 못한 표현의 하나로 인식되어 온 과거에서 탈피하여 새롭게 변화되고 있음을 의미한다.

사람들의 얼굴에 웃음이 많아지고 표정이 밝으면 그만큼 사회가 건강해진다. 사는 일이 답답하고 힘들더라도, 웃으면서 머리를 맞대고 마음을 모으면 원만한 해결책을 찾을 수 있다. 또한 웃음은 전염성이 강하기 때문에 조직의 결속력을 다지는 접착제 구실까지 한다.

요즘 사는 것이 재미없고 팍팍하다는 사람들이 적지 않다. 이런 때일수록 배꼽 잡고 웃을 만큼 재미있는 유머 한마디를 던져서 분위기를 반전시켜 보자. 그렇게 웃다 보면 신나게 살 수 있는 꼬투리를 잡을 수 있을 테니 말이다.

물론 일이 어려울 때 웃는 것이 쉽지 않지만, 대부분의 경우 일 자체의 어려움보다는 악화된 분위기 때문에 상황이 더욱 어려워지는 경우가 적지 않다. 화를 내거나 상대를 원망하고, 분을 이기지 못해 악을 쓰고, 폭언을 퍼붓거나 폭행도 하고…… . 상황이 어려울수록 밝은 분위기에서 해결하려고 애를 쓰고, 억지로라도 웃어야 한다. 그러다 보면 어려움도 지나가고, 다 잘될 것이다.

이제 근심과 고통을 내려놓고 억지로라도 웃어 보자. 건강하고 활기찬 웃음이 곳곳에서 넘쳐나야 갈등지수 4위라는 우리나라가 오명을 벗고 밝아져서, 대립보다는 화합하는 분위기를 만들어 나갈 수 있지 않겠는가.

'Fun'만이 웃음 넘치는 행복한 세상 만드는 첩경인 것을 믿자.

웃자! 먼저 웃자! 그리고 웃으면서 살자!

배려하고 소통하며 미래를 꿈꾸는 저자 **최철호**
웃음이 넘치는 행복한 세상을 만드는 저자 **최원호**

LET'S GO SUCCESS

부 록

골프 유머

골프 천주경(주기도문)

이제껏 골프한 것도 주님의 은혜인데 오늘도 필드로 인도하여 주심에 감사드립니다.

티샷은 70%의 힘만 사용하는 지혜를 주시옵시고 아이언 샷은 간결하게 채를 떨어뜨리는 용기를 주시옵소서.

OB나 쪼로에 주눅이 들지 않으며 대자연의 풍성함 속에서 본전이나마 건지게 된 것을 가문의 영광으로 감사하는 골퍼가 되게 하여 주시옵소서.

실수한 저희들의 샷은 요행의 길로 인도하여 주시고 러프나 디봇에서도 똑바로 나가게 해 주시옵고, 자주 카트길을 따라 최대 비거리를 창출하게 하여 주옵소서.

저희들에게는 항상 평정과 안정을 주시고, 상대측 선수들이 샷을 하는 경우에는 매 순간마다 그 마음속에 힘의 유혹이 가득하게 하여 주시옵소서.

OB나 DOUBLE PAR로 괴로워하는 상대측 선수들을 위로할 수 있는 기회와 여유를 주시옵소서.

또 간절한 마음으로 바라오니 이겨도 겉으로 표시 나지 않게 내숭과 겸손함을 함께 주시옵소서.

골프를 사랑하는 주님의 이름으로 간절히 기도드리나이다.

아멘.

미운 놈

1. 비거리 줄었다고 투덜대면서 제일 멀리 보내는 놈.

2. 장타이면서도 숏 게임에 실수가 없는 놈.

3. 공이 왔다 갔다 하면서도 파(par) 하는 놈.

4. 돈 한 푼 못 먹었다고 구시렁거리다가 막판에 싹쓸이해 가는 놈.

5. 얼굴 시커멓게 그을었는데도 공 친 지 오래라고 우기면서 80대 초반 치는 놈.

6. 매일 공 치는 데도 회사 잘 돌아가는 놈.

7. 새벽 공 치러 나오면서 마누라한테 아침밥 얻어먹고 왔다고 자랑하는 놈.

얄미운 년

1. '툭' 치는데도 멀리 보내는 년.
2. '아구구구' 비명 지르면서 홀 속으로 쏙 집어넣는 년.
3. 매일 땡볕에서 놀아도 기미 안 낀다고 자랑하면서 씻고 쌩 얼로 집에 가는 년.
4. 허구한 날 공 치러 다니는데도 공부 잘해 SKY대 다니는 자 식 둔 년.
5. 안 된다고 구시렁거리면서도 절대로 90타 안 넘기는 년.
6. 그늘 집마다 들어가 처먹고 마시고 회식 땐 미친 듯이 먹는 데도 똥배 안 나오는 년.
7. 이렇게 얄미운데도 동반자 구하는 데 어려움이 없는 년.

골프 序詩(윤동주의 「서시」 패러디)

죽는 날까지 그린을 우러러
한 점 부끄럼이 없기를
깃대에 이는 바람에도
나는 괴로워했다.
굿샷을 노래하는 마음으로
모든 쪼로나는 공들을 사랑해야지.

그리고 나한테 주어진 오비티로

걸어가야겠다.

오늘 밤에도 지갑이 찬바람에 스치운다.

골프 청산별곡

살어리 살어리랏다

연습장에 살어리랏다

힘 빼고 머리 박고

코치랑 살어리랏다

골프 시편 23편

골프는 나의 목자시니 내가 부족함이 없으리로다.

그가 나를 가슴이 트이는 필드(field)로 이끄시며, 모든 골치 아픈 일로부터 벗어나도록 셸터(shelter)로 부르시는도다.

내 마음이 쉼을 누리고 GOLF(Green-Oxygen-Light-Foot)로 건강을 얻게 되는도다.

내가 사망의 음침한 해저드와 샌드(sand)에 빠져 허우적거려도 절망하지 않음은 주께서 슬라이스(slice)와 훅(hook)으로부터 나를 지키시고 우드 3번과 아이언 4번이 나를 위기에서 건져 줌이라.

주께서 드라이브를 잘 쳤다고 빼기는 자 앞에서 세컨드 샷으로 나를 위로하시고, 마지막 퍼터로 코를 납작하게 만드시니 홀 컵에 딱 들어감이로다.

나의 평생에 홀인원과 언더가 나를 따르리니 내가 그린 위에 영원히 살리라.

골프 국민헌장

우리는 골프 중흥의 역사적 사명을 띠고 이 땅에 태어났다.

투어 프로들의 빛난 얼을 오늘에 되살려, 안으로 풀스윙의 자세를 확립하고, 밖으로 핸디 확립에 이바지할 때다.

이에, 골퍼의 나아갈 바를 밝혀 왕싱글의 지표로 삼는다.

정확한 아이언과 웅장한 드라이버로, 백스윙과 다운스윙을 배우고 익히며, 타고난 저마다의 퍼팅을 개발하고, 비기너의 처지를 약진의 발판으로 삼아, 장타의 힘과 강력한 쇼트게임의 정신을 기른다.

부킹과 티샷의 질서를 앞세우며 전홀의 배판을 숭상하고, 핸디와 구찌에 뿌리박은 상부상조의 전통을 이어받아, 서로의 불편함을 부추기고 갈구는 압박 정신을 북돋운다.

길이 후손에 물려줄 영광된 19번 홀의 앞날을 내다보며, 신념과 긍지를 버린 야비한 골퍼로서, 라운드의 잔꾀를 모아 줄기찬 노력으로 베스트 스코어를 창조하자.

골프 三樂 1

1樂: 배판인데 앞 3명이 전부 OB 내고 나만 뒤돌아서 몰래 웃을 때.

2樂: 경기 후 클럽하우스 탕 속에 느긋하게 앉았는데 창밖으로 비 쏟아지는 걸 봤을 때.

3樂: 3만 원 딴 줄 알았는데 집에 가서 세어 보니 5만 원이었다는 것을 알게 되었을 때.

골프 三樂 2

1樂: 골프 끝나고 클럽하우스에 들어가는데 밖에서 비가 쏟아지기 시작할 때.

2樂: 골프장에 오갈 때 내 차로는 차가 잘 빠지는데 반대 차로가 꽉 막혀 있을 때.

3樂: 돌아올 때 신호 대기하면서 주머니에서 딴 돈 꺼내 세어 볼 때.

골프 三樂 3

1樂: 라운딩 끝나고 클럽하우스 목욕탕 탕 속에 느긋하게 누웠
　　을 때.

2樂: 더운 날 라운딩 끝나고 시원한 생맥주 잔 들고 첫 모금 마
　　실 때.

3樂: 친구 차 타고 뒷자리에 앉아 알딸딸한 기분으로 깜빡 잠
　　이 들었을 때.

슬픈 이유

한 남자가 울먹이며 친구에게 하소연하고 있었다.

"정말 믿을 수가 없네. 마누라가 바람나서 도망가 버렸어."

그는 눈물까지 흘렸다.

"나하고 늘 같이 골프를 치던 내 친구하고 함께 말이야."

친구가 위로했다.

"이봐, 정신 차리게. 여자가 어디 한둘인가? 여기저기 널린 게
여자라네."

"내가 마누라 때문에 슬퍼하는 줄 아나?"

"그럼 왜 그러나?"

훌쩍이던 남자가 정색을 하며 대답했다.

"마누라와 함께 도망간 놈 때문일세. 내가 골프에서 이길 수
있는 유일한 녀석이었거든."

이래도 골프는 쳐야 한다?

도대체가 우스운 것이 골프라는 운동이다.

가만히 생각을 해 보니, 참 기도 안 차는 운동이다. 운동 같지
도 않은 것이 하고 나면 마냥 즐겁기를 하나, 그렇다고 친구 간
에 우정이 돈독해지기를 하나, 열은 열대로 받고, 시간은 시간대
로 뺏기고, 돈은 돈대로 깨지고…….

어디 그 돈뿐인가? 내기라도 하는 날에는 알토란 같은 내 돈
남 다 내주고도 쪼다 · 멍청이 · 바보 취급을 당해야 하고, 농
사짓는 데 놀러 다닌다고 손가락질은 제일 먼저 받지, 가뭄 ·
수해 왔을 때 골프채 들고 다니면 돌이라도 맞을 분위기지, 정권
한번 바뀌기만 해도 눈치 보느라 가자미눈이 되질 않나, 공무원
들은 의당 아들내미 이름으로 부킹을 해 애비와 아들이 동격 되
는 호로집안이 되질 않나…….

남몰래 열심히 연습했다고 잘 맞기를 하나, 연습 안 한 놈이
운으로 버디를 잡아 폼 잡지를 않나, 공 한 개 값이면 자장면 곱
빼기가 한 그릇이고 사위나 와야 잡아 주는 씨암탉이 한 마린데,
물에 빠뜨려도 의연한 채 허허 웃어야지, 잘못 인상이라도 쓰면

인간성까지 의심받지, 그놈의 공이 자기 마누라라도 되는 건지 손 약간 댔다간 친구 간에도 예사로 눈깔 까뒤집지, 수시로 연습하는 놈도 '연습해 본 적이 없다' 시치미 떼지.

뭐, 뭐라고? 그래도 골프가 신사 운동이라고???

원수 같은 골프채는 금딱지를 붙여 났나, 우라지게 비싸기는. 드라이버랍시고 작대기 하나가 33인치 컬러TV보다 비싸고 비밀병기랍시고 몇 십만 원, 오늘 좋다고 해서 사 놓으면 내일은 구형이라고 또 새 것 사라 하고…….

공 치며 풀밭 좀 걸었다고 드는 돈이 쌀 한 가마니, 그나마 한번 치려면 대통령, 유엔 사무총장까지 동원해야 하고 노는 산 깎아 골프장 만들어도 '좁은 땅'에 만든다고 욕먹고 자갈밭에 나무심고 잔디 키워 놔도 '자연 파괴'라고 욕먹고, 무더운 한여름이라고 햇빛을 피할 수가 있나, 겨울이라고 따스하게 손을 한번 녹일수가 있나, 땡볕에, 비바람에, 안개 속에, 눈보라에 돈 줘 가며 고생하고, 제대한 지가 언제인데 툭하면 산등성이에서 각개전투, 물만 보면 쫄아 가지고 노심초사 피해 다녀야 하고…….

공이 갈 만한 자리는 무슨 심술로 모래 웅덩이 파 놓고, 잘 맞으면 '일 안 하고 공만 쳤다' 욕먹고, 안 맞으면 '도통 운동신경 없다' 욕먹고, 퍼팅 들어가면 '돈독 올랐다' 욕먹고, 넣질 못하면 '소신이 없다' 욕먹고, 길면 '쓸데없는 데 힘쓴다' 하고, 짧으면 '쫄았다'고 욕먹고…….

원금/이자 구분 못한다며 '산수 몇 점 받았냐?'고 면박 주고,

돈 몇 푼 따기라도 하는 날에는 곱빼기로 밥 사야 하고, 돈 잃으면 개평 없나, 밥 안 사 주나 눈치나 봐야 하고, 집에 오면 알아서 왕비 비위 맞추느라 설거지하고, 아들내미의 성적이 떨어져도 골프 치는 내 탓이고, 공 치는 아비 열심히(?) 골프 쳐서 오더 따면 '누구나' 따내는 오더이고, 못 따면 '골프까지 쳤는데도'라며 비아냥거리고……

잘 안 맞아서 채 한번 집어 던졌다간 도무지 상종 못할 인간으로 낙인찍히고, 신중하게 치면 '늑장 플레이'라고 욕먹고, 빨리 치기라도 하면 '촐싹댄다' 욕먹고, 화려하게 옷 입으면 '날라리냐?' 욕먹고, 점잖게 입으면 '초상집 왔냐?'고 욕먹고, 인물이 좋으면서 공 잘 치면 '제비 같은 놈', 인물이 좋으면서 못 치면 '겉만 뻔드르르 한 놈', 인물 나쁘면서 잘 치면 '네가 그거라도 잘해야지', 인물 나쁘면서 공도 못 치면 '뭐 하나 제대로 하는 게 없다'고 하고……

농담이라도 하면 까분다 하고, 진지하면 열 받았냐 하고, 도우미와 얘기라도 좀 걸면 시시덕댄다 하고, 그렇다고 아무 말도 안 하면 분위기 망친다 하고, 싱글하면 '사업하는 놈이 노상 공만 쳤냐?'고 욕하고, 싱글 못하면 '그 머리로 무슨 사업 하냐?'고 욕하고, 새 채 사서 잘 치면 '돈이 썩어 나냐?'고 욕하고, 잘못 치면 '돈으로 공 치냐?'고 핀잔주고 새 채 안 사면 '죽을 때 돈 다 싸 갖고 가냐?'고 욕하고……

바이어가 공 치자 해서 채 들고 나가려 하면 세관 눈치 보며 죄

인처럼 신고해야 되고, 그나마도 몇 번 하면 세무조사 한다고 겁주고, 선물 받은 채 들고 오면 밀수꾼처럼 째려보고, 새벽 골프 나가면 '공부를 그렇게 좀 하지' 하고, 어쩌다 한번 남녀 어울리면 '바람났냐?'고 욕하고, 남자들끼리만 치면 '그렇게 재주가 없냐?'고 욕하고…….

이글이나 홀인원 한 번 하면 축하는 못할망정 갑자기 눈들이 시퍼래 가지고 뜯어먹을 궁리하고, 골프연습장이라도 한 번 가면 '일은 언제 하냐?'며 욕먹고, 맘먹고 골프채 한 번 닦으면 '네 맘부터 닦아라' 하고, 티샷하고 티를 주우면 '요새 그렇게도 궁하냐?'며 놀리고, 마누라한테, 장인어른한테, 어머님한테, 아들놈한테 골프 때문에 온갖 원망 다 사고, 직원들한테 눈치 보이고, 거래처에서 욕먹고…….

잘 쳐도, 못 쳐도, 새벽에 쳐도, 대낮에 쳐도, 비 올 때 쳐도, 눈 올 때 쳐도, 날 좋은 날 쳐도, 조용히 쳐도, 시끄럽게 쳐도, 천천히 쳐도, 빨리 쳐도, 멀리 쳐도, 짧게 쳐도, 돈 내고 쳐도, 접대받고 쳐도, 어쨌든지 욕을 먹게 되어 있는 이런 빌어먹을 골프를 도대체 왜 하느냐 이 말이다.

공 치는 사람들, 전부 제 정신들 맞긴 맞나?

어느 날 곰곰이 생각을 해 보니, 욕먹기도 지쳤고, 돈 쓰기도 아깝고, 시간도 아깝고, 멀쩡한 사람들과도 좀 놀고 싶어서(골프장엔 자칭 과음, 잠 못 잔 사람뿐이다) "이놈의 골프를 화~악 끊어 버려야지!", "이제부턴 골프채는 쳐다보지도 말아야지!", "골프

가 밥 먹여 주나!" 화가 잔뜩 나서 온갖 큰소리는 다 쳐 놓고는,
"누가 골프 치자고 전화 좀 안 하나?"

어느 골퍼의 간절한 기도

바야흐로 골프 시즌이 되면 "동이 트는 새벽꿈에~" 무작정 골
프채 둘러메고 휘파람 불고 나갈 게 아니고, 적어도 골프하는 날
은 경건한 마음으로 정도의 새벽 기도는 하고 나가야제.
- 티샷을 70% 힘만을 사용할 수 있게 하는 지혜를 주시옵고,
  아이언은 간결하게 채를 던질 수 있게 힘을 뺄 수 있는 용기
  를 주옵소서.
- OB나 Topping에도 쫄아 들지 않으며 그저 대자연 속에서
  본전이나 건질 수 있음을 영광으로 여기는 Golfer가 되게 해
  주시옵소서.
- 약아빠진 나의 샷은 산천초목이 도와줘 요행의 길로 인도하
  여 주시고 상대방의 약아빠진 샷은 개골창이나 연못으로 인
  도하여 주옵소서.
- 러프와 디봇자리에서는 거리는 안 나도 좋으니 똑바로 나가
  는 볼이 되게 해 주시옵고 최악의 스코어에서도 동반자의
  실수로 이기는 그런 골퍼가 되게 해 주옵소서.
- 자기 거리는 모르면서 나무나 물 건너 그린을 보고 볼을 치

려는 상대방 마음속 유혹을 절대로 포기하지 말게 해 주시
오며, 저 또한 그것을 가르쳐 주는 우를 절대로 범하지 말게
해 주옵소서.

- 또한 나의 간절한 이 기도가 내가 원하는 대로는 이루어질
  수 있으되 결코 상대방에게는 드러나지 않게끔 강한 내숭과
  겸손함도 함께 주옵소서. 아멘.

골프의 생리

- 90대 치는 골퍼: 남을 못 가르쳐서 안달이다.
- 80대 치는 골퍼: 먼저 물어봐야 알려 준다.
- 70대 치는 골퍼: 사정해서 물어보면 겨우 알려 준다.
- 프로 골퍼: 물어보면 돈 받고 알려 준다.
- 초보 골퍼 부인: 허리 좋아진다고 칭찬한다.
- 90대 골퍼 부인: 주말이면 애들만 들볶는다.
- 80대 골퍼 부인: 돈 잃고 들어오면 신랑 죽인다.
- 70대 골퍼 부인: 따로 논다. 그리고 클럽하우스에서 간혹
  마주친다.
- 비기너 캐디: 친절하며 공 찾는 데 헤매고 잘 뛴다.
- 두 달 된 캐디: 클럽을 두세 개씩 갖다 준다.
- 6개월 된 캐디: 엉뚱한 공만 찾아다 준다.

- 1년 된 캐디: 먼 산 보면서 공 잘 찾고 거리도 정확하다.
- 2년 된 캐디: 가끔 손님 휴대전화를 쓴다.
- 초보 그린보수 아줌마: '볼!'이라고 몇 번 외쳐야만 피한다.
- 6개월 된 아줌마: 공 날아오는 소리만 듣고 살짝 피한다.

자동차와 골프의 공통점

1. 와이프에게 가르쳐 주려다 부부 사이에 금이 갈 공산이 크다.
2. 주말에 나가면 항상 밀려서 기다리거나 천천히 갈 수밖에 없다.
3. 중간에 휴대전화를 받다가 많이 망가진다. 끄거나 중단하는 것이 현명하다.

골프 사자성어

1. 폼도 좋고 스코어도 좋으면: 금상첨화
2. 폼은 좋은데 스코어가 나쁘면: 유명무실
3. 폼은 나빠도 스코어가 좋으면: 천만다행
4. 폼도 나쁘고 스코어도 나쁘면: 설상가상

딸과의 대화

골프장에 갔다가 돌아온 남편을 현관에서 맞아 준 건 네 살 난 딸이었다.

"아빠, 골프는 누가 이겼어? 아빠야, 아저씨야?"

"아저씨하고 나하고는 이기기 위해 골프를 치는 게 아니야. 우리는 그저 재미 보려고 골프를 치는 거야."

라고 남편이 대답했다.

딸은 그러나 물러서지 않았다.

"알았어, 아빠. 그럼 누가 더 많이 재미를 본 건데?"

핸디캡(HDCP)이란?

H: 해매지 말고

D: 대가리 들지 말고

C: 씨부리지 말고

P: 패라~

골프 퀴즈

1. 골프용어 중 유일한 한국어는? 뒤땅
2. 통계학적으로 불교신자가 크리스천보다 골프를 못하는 이 유는? 공이 절(?)로 가니까

골프와 아내의 공통점

1. 한번 결정하면 바꿀 수 없다.
2. 내 마음대로 안 된다.
3. 힘들 때는 결별하고 싶기도 했다.
4. 너무 예민하다.
5. 웃다, 찡그렸다 늘 변화무쌍하다.
6. 잔소리를 들을수록 더 안 된다.
7. 제대로 가꾸려면 밑천이 많이 든다. (필드 & 외모)
8. 물을 싫어한다. (설거지 & 해저드)
9. 돈을 많이 가져다 바치면 확실히 편해진다.
10. 조강지처(손에 익은 골프채)가 그래도 편하다.
11. 대들어 봐야 백전백패, 적응하고 타협해야 결과가 좋다.
12. 조금만 소홀해지면 금방 티가 난다.
13. 정말로 이해가 안 갈 때가 있다.

14. 즐거움과 적당한 스트레스를 함께 주는 영원한 동반자.

15. 매번 조심하지 않으면, 나를 애먹인다.

16. 유지 관리에 항상 돈이 든다.

17. 적당히 달래야지, 때리면 도망(OB)간다.

18. 남의 것을 건드리면, 반드시 처벌받는다.

19. 상처를 주면 반드시 치료해 줘야 한다. (디봇)

20. 양쪽 다 돈, 정력, 정성 그리고 인내심을 필요로 한다.

21. 노년에도 함께 있다면, 모두들 부러워한다.

22. 아무리 오랜 시간을 같이해도 모르는 구석이 속속 나온다.

23. 바꾸려고 해 봐야 헛수고이고, 있는 그대로에 적응해야 결과가 좋다.

골프와 술의 공통점

1. 새벽달을 자주 본다.

2. 멤버가 좋아야 맛이 난다.

3. 회사마다 전담 상무가 있다.

4. 성격 나오게 만든다.

5. 자주 빠지면 '왕따'당한다.

6. 샷을 외쳐 댄다. (원샷 – 굿샷)

7. 도수에 민감하다. (알코올 – 로프트)

8. 조절하기 어렵다. (주량 - 핸디)

9. 기간을 중시한다. (숙성 기간 - 구력)

10. 와이프랑 함께하면 후환이 없다.

골프와 자식의 공통점

1. 한번 인연을 맺으면 죽을 때까지 끊을 수 없다.

2. 언제나 똑바른 길을 가길 염원한다.

3. 끝까지 눈을 떼지 말아야 한다.

4. 간혹 부부 간에 의견 충돌을 야기시킨다.

5. 안 될수록 패지 말고 띄워 줘야 한다.

6. 잘못 때리면 다른 길로 빠져나가 비뚤어지기 십상이다.

7. 남들에게 자랑할 때 '뻥'이 좀 들어간다.

8. 같은 배 속(회사)에서 나왔는데 성격은 모두 다르다.

9. 비싼 과외(레슨)를 해도 안 될 때가 있다.

10. 홀이든 나이든 18이 지나면 내가 할 수 있는 것이 없다.

골프와 로또의 공통점

1. 동그란 공으로 한다.

2. 자본주의의 상징이다.

3. 홀인원(1등 당첨)되고 나서의 준비가 부담이다.

4. 전날은 모두 1등을 기대한다.

5. 기대감으로 시작하고 아쉬움으로 끝맺는다.

6. 상금이 다음 판으로 넘어가며 계속 커진다.

7. 될 것 같으면서도 잘 안 된다(하고나서 항상 아쉽다)

8. 내가 1등이 안 되면 다음 판으로 넘어가서 배판이 되길 은근히 기대한다.

9. 숫자들의 조합에 울고 웃는다.

10. 하는 날을 기다리며 설레고 흐뭇해한다.

11. 공이 멈출 때까지 숨죽여 쳐다본다.

12. 주말에 하는 사람이 제일 많다.

13. 1등 아니면 별 볼 일 없다.

14. 욕심이 앞서면 힘들어지고 마음을 비우고 하면 즐기며 할 수 있다.

15. 진행 중에는 공을 바꿀 수가 없다.

16. 본업보다 더 전념하는 사람도 있다.

17. 숫자가 표시된 공을 쓴다.

18. 대개 여자들이 공을 건네준다.

19. 끝나고 나면 종이쪽지만 남는다.

노인의 정체

어느 날 예수님과 모세와 한 노인이 골프를 치고 있었다.

먼저 예수님께서 치셨다. 공은 약간 슬라이스 성으로 날아가 호수에 빠졌다. 예수님께서는 주저하지 않고 호수 위를 걸어 올라가시어 물 위에서 다시 그 공을 치셨다.

이번에는 모세 차례였다. 모세가 힘껏 티샷을 날렸다. 공은 역시 슬라이스 성으로 날아가 또다시 그 호수에 빠졌다. 모세는 그 호수 앞에 가더니 호수의 물을 갈라 버렸다. 그러고는 갈라진 호수 바닥에서 공을 찾아내어 힘껏 쳐 온그린에 성공하였다. 모세는 의기양양했다.

이번엔 마지막 남은 노인이 티샷을 쳤다. 공은 힘없이 날아가 돌돌 굴러 아까 모세와 예수님께서 공을 빠뜨렸던 그 호수에 빠졌다.

그러자 놀라운 일이 일어났다. 그 공을 물속에서 럭비공만 한 붕어가 삼켰고, 그 붕어를 다시 지나가던 독수리가 물었다. 그린 위를 독수리가 날아서 지나갈 즈음 붕어는 골프공을 떨어뜨렸고, 그 공은 데굴데굴 굴러 홀컵에 들어가고 말았다. 정말 기가 막힌 홀인원이었다.

이것을 쭉 지켜본 예수님께서 그 노인에게 이렇게 말씀하셨다.

"아버지, 제발 골프 좀 정상적으로 치세요!"

홀인원

초보 골퍼가 친목골프대회에서 운 좋게 홀인원을 했다.

새벽녘이 되어서야 귀가한 남편에게 부인이 따졌다.

"당신 왜 이렇게 늦었어요?"

남편은 일생에 한 번 할까 말까 한 홀인원을 해서 축하를 받느라 늦었다고 말했다.

골프를 전혀 모르는 부인이 남편에게 홀인원이 무엇이냐고 물었다. 남편이 홀인원이란 공을 세 번에 쳐서 넣을 것을 단 한 번에 넣는 것을 말한다고 설명했다. 이 말을 들은 부인이 벌컥 화를 내며 말했다.

"여보, 세 번 만에 넣을 것을 한 번에 넣었으면 더 일찍 집에 와야지, 중간에 어디를 들렀다가 왔기에 이렇게 늦었수?"

못 말리는 이웃

이웃에 사는 남자가 거의 매일 찾아와 무엇인가를 빌려 가곤했다. 어느 날 약이 오른 남편이 아내에게 다짐을 했다.

"이번에는 아무것도 빌려가지 못할 거야!"

드디어 이웃집 남자가 찾아왔다.

"혹시 아침에 전기톱을 쓰실 일이 있나요?"

"어휴, 미안합니다. 오늘 하루 종일 제가 써야 할 것 같은데요."

그러자 이웃집 남자가 활짝 웃으며 말했다.

"그럼 골프채는 안 쓰시겠군요. 좀 빌려도 될까요?"

중국 골프 유머

요즘 골퍼들 사이에 중국으로의 원정 골프가 유행이다. 우리나라 골프장은 예약도 어려울 뿐 아니라 가격이 비싸서 뜻이 맞는 친구들끼리 또는 동료들끼리 팀을 짜서 중국으로 원정골프를 다녀오는 것이 시대의 풍속도처럼 된 지가 오래다.

중국의 한 골프장에서 걸려 있는 슬로건이 흥미로워 소개한다.

多打利身(다타이신): 공을 많이 치면 몸에 이롭고

小打利心(소타이심): 타수를 적게 치면 마음에 이롭다.

小打利囊(소타이낭): 또한 적게 치면 주머니 사정이 좋아진다.

셰익스피어 가라사대, 골프란?

– 법률은 악인이 존재한다는 전제아래 만들어졌지만 골프 규

칙은 고의로 부정을 범하는 자가 없다는 전제하에 만들어졌
다. 그러나 이를 어기고 속였을 경우에는 어느 스포츠보다
가장 심하게 경멸을 받는 스포츠가 바로 골프다.

- 골프는 인생의 반사경, 티샷하여 퍼팅으로 끝내기까지의 과
  정이 바로 인생 항로다. 동작 하나하나가 바로 그 인간됨을
  적나라하게 드러낸다.

- 골프가 위대한 게임이라면 인생과 비슷하기 때문일 것이다.
  골프나 인생 모두에서 '두 번째'는 통하지 않으니까…….

- 골프만큼 심신을 빼앗는 것도 없다. 자신에게 화를 내는 나
  머지, 적을 미워하는 것조차 잊으니 무서운 일이다. [윌 로
  저스]

- 두뇌로 못 이기는 상대를 골프로는 더더욱 이길 수 없다. [로
  손리틀]

- 골프에서 심판은 자기 자신이다. 이는 골프가 갖는 가장 큰
  자랑으로 골퍼를 신사로 인정, 최고의 가치를 부여한 것인
  바, 자기 양심과 자신을 속이는 행위를 한다면 그는 이미 골
  퍼의 자격을 박탈당한 자이다.

- 골프가 어려운 것은 정지된 볼을 치기 위하여 스윙의 리듬을
  스스로 만들어 내야 하는 데 있다.

- 골프에 비결이 있다면 그것은 자기 능력의 한계를 깨닫는 일
  이다.

- 정지한 볼이 플레이어에게 무언의 도전을 하기 때문에 치려

는 사람의 신경을 곤두세워 불안하게 한다.

- 요행의 샷은 누구나 경험하지만 아무도 그것을 지속시킬 방법을 모른다. [보비존스]

- 과묵한 사람도 골프를 하게 되면 달변이 된다.

- 골프란 겉으로는 비폭력적인 게임이지만 내면적으로는 매우 폭력적이다. [밥 토츠키]

- 내가 골프에 관해 할 수 있는 말이 있다면, 골프란 자신과, 자신의 최악의 적인 자기 자신과 함께 플레이하는 게임이라는 사실이다. [핀리 피터던]

- 골프 경기를 관전만 한다면 그것은 재미다. 골프를 플레이하면 그것은 레크리에이션이 된다. 그리고 그것에 열중할 때 진짜 골프이다. [봅호프]

- 나는 바보야, 내가 배운 것은 클럽과 다투면 반드시 클럽이 이긴다는 사실을 아는데…….

- 진정한 골퍼는 서로 마음이 잘 통하는 가족이다.

- '보다 멀리, 그리고 정확히: (far and sure)' 이는 골프의 영원한 숙제이다.

골프의 머피의 법칙

- 타법이 두 가지 있을 때 꼭 틀린 쪽의 타법을 선택한다.

- 간단하여 미스가 생기지 않는 샷은 없다.
- 쉬운 퍼트일수록 실패할 가능성이 높다.
- 너무 오래 생각하면 어려운 샷은 불가능한 샷이 된다.
- 백스윙 때 많은 생각을 하면 할수록 비거리는 반비례로 적어 진다.
- 상대보다 더 멋진 어프로치샷을 했지만 상대의 볼이 홀에 더 가까울 수 있다.
- 결점이 한 개라도 3타를 더 칠 수 있고, 결점 한 개를 잘 극복하여도 1타밖에 줄지 않는다.
- 3미터 퍼트를 성공시키는 방법은 그것이 마스터될 수 없는 것임을 알 때까지 마스터할 수 없다.
- 실패에서 무언가를 배운다면 골퍼들은 지구상에서 가장 많이 배운 사람들이다.
- 골프 속에서 인생을 생각하고, 인생 속에서 골프를 배운다. [헨리 롱허스트]
- 진정한 골퍼란 정신적으로 진지한 골프를 하는 사람을 말하는 것이지, 볼을 치는 기술이 뛰어난 사람을 지칭하는 것이 아니다. [우드 하우스]
- 대부분의 골퍼들은 골프를 플레이하는 것만 알고 있지만 정말 중요한 골프 코스를 플레이하는 것을 잊고 있다. [토미 아머]
- 아마추어는 5달러의 스윙으로 100달러의 샷을 하려고 한다.

진짜 프로는 프레셔가 걸렸을 때 좋은 플레이를 하지만 아마는 긴장할수록 플레이가 나빠진다. 이 차이는 실로 크다. [아놀드 파머]

– 골프를 단순한 게임으로만 보는 사람은 남녀를 불문하고 영원히 풀지 못한다.

대표적인 유머 사이트

감자꼴(www.gamjaggol.com)

인기 개그맨 김국진 · 김용만 · 김수용 · 박수홍 '개그 4인
방'의 홈페이지.

코미디뱅크(www.comedybank.com)

25년간 코미디 프로그램을 제작한 김웅래 PD의 홈페이지. 다
양한 메뉴를 갖추고 확실한 웃음을 제공한다. 코미디언들의 간
단한 프로필과 사진도 있다.

유머타운(humor.town.co.kr)

형제가 운영하는 유머 사이트. 인터넷에 널려 있는 세계 각국
의 유머가 번역돼 있다.

유머비스타(humorvista.co.kr)

스트레스 해소 유머 사이트. 오늘의 유머, 유머작가 새 글 등

이 올라와 있다.

개그코리아(www.gagkorea.co.kr)
정치, 사회, 경제, 교육 시리즈 등을 넘나드는 각종 유머를 검색해 볼 수 있는 곳. 일일 추천 개그, 설문 등도 실시한다.

유머뱅크(www.smile4u.co.kr)
삼행시와 관련된 유머를 볼 수 있는 유머 웹진. 무료 메일로 유머를 보내 준다.

푸하 유머(www.puha.co.kr)
인터넷 유머 전문 사이트. 죽기 전에 읽어야 할 유머 100선, 세계 유머 등이 소개돼 있다.

웃음나라(member.infomail.co.kr/~nargne/humor.html)
재미있는 이야기를 볼 수 있는 유머 전문 웹진. 유머작가나 독자의 유머를 볼 수 있고, 독특한 무비 유머도 마련돼 있다.

참고 문헌

- 남재혁, 한국항공대 대학원, 리더의 감성지능과 리더십 스타일에 관한 연구

- 최광선, 인간관계 명품의 법칙

- 시마다 아키히코, 박금영 역, 소통이 인맥이다, 앱투스미디어

- 정미영, 스피치 커뮤니케이션 이론과 실제, 한국학술정보

- 대니얼 골먼, 장석훈 역, 감성의 리더십, 청림출판

- 신정길, 감성경영 감성 리더십, 넥스비즈

- 조광현, 인간의 감성을 읽는 기술과 서비스

- 삼성경제연구소 - http://www.seri.org

- LG경제연구원 - www.lgeri.com

- 문승권, 문형남, 신정길 지음, 감성경영과 감성 리더, 넥스비즈

- 하준호, 한국적 감성 리더십, 미래문화사

- 조관일, 대화유머기법

- 인터넷정보 카페,블러그 참고

– 박인옥/최원호, 유머로 리드하라

– 임붕영, 우리는 웃기는 리더를 존경한다

– 한국산업단지공단, HAPPICOX

– 최원호, 편편한 소통

– 최원호, 웃는 사람이 성공한다

– 기타 출처가 나와 있지 않은 자료